AN INTRODUCTION TO THE HISTORICAL STUDY OF BASKETBALL

バスケットボール競技史研究概論

監修 谷釜了正（日本体育大学名誉教授）
編著 小谷 究（流通経済大学助教）

流通経済大学出版会

目　次

まえがき··vii

1．バスケットボール競技史研究の対象と領域···············1

1－1　バスケットボール競技史研究の対象·······················2

1－2　バスケットボール競技史研究の今日的意義·············3

①技術の持つ歴史性の把握　3

②技術を変化させる要因の特定　4

③指導の方向性の確認　4

④攻防の対峙関係の理解　5

1－3　バスケットボール競技史研究の時代区分·················7

1－4　研究対象の中心と周縁··9

1－5　バスケットボール競技史研究の学問的位置づけ·······11

1－6　バスケットボール競技史の研究領域·······················15

①バスケットボール競技史の一般研究領域　15

②バスケットボール競技史の個別研究領域　16

(1)バスケットボール競技の受容史・普及史　17

(2)バスケットボール競技の技術史　17

(3)バスケットボール競技の戦術史　19

(4)バスケットボール競技の修練史　21

(5)バスケットボール競技の教育史　22

(6)バスケットボール競技のコーチング史　23

(7)バスケットボール競技の用具・施設史　24

(8)バスケットボール競技の人物史　26

(9)バスケットボール競技の法制史　26

(10)バスケットボール競技の学説史　27

iii

2. テーマ設定·····37

2-1 基礎知識の整理·····37
①協会や学校の記念誌の利用について　37
②新聞、雑誌史料の利用について　39

2-2 研究テーマの絞り込みから決定へ·····40
①研究テーマの絞り込み－技術史研究を例として－·····40
②時期の設定とその対象·····41
③女学校等の遊戯的なバスケットボール競技と競技規則について·····41
④施設や用具について·····43
⑤人物について·····44
⑥先行研究の検討から研究テーマの決定へ·····45

3. 先行研究の検討·····47

3-1 先行研究の検索·····47

3-2 先行研究の検討·····48

4. 史料探索と収集·····51

4-1 史料·····51

4-2 史料探索·····54

4-3 史料収集·····56

5. 史料の整理·····61

5-1 一般的な史料の整理·····61

5-2 史料を種類別に整理·····63
①書籍（雑誌や冊子含む）について　63
　(1)ある視点から史実をみる　63
　(2)史料の種類について　65
②新聞について　65
③書簡について　66
④大会等のパンフレット・絵葉書・チラシ・チケットについて　66
⑤写真について　66
⑥インタビュー調査について　67
⑦現物（シューズ、ゴールなど）　67

5-3 研究の主となる史料の整理について·····67

目　次

6. 史料批判 69
6-1 外的批判 69
6-2 内的批判 72

7. 解釈 75
7-1 史料と環境 75
7-2 文献史料の解釈 76
7-3 非文献史料の解釈 79
7-4 史料から読み解く技術・戦術的な側面 82

8. 執筆 87
8-1 題目のつけ方 87
8-2 論文の構成 89
①論文の組み立て方　89
②序論　89
③本論　92
④結論　93
8-3 執筆の実際 94

最後に 99

著者からのメッセージ 103

付録 123
【主なバスケットボール競技史参考文献】　123
【主な史料】　131
【主な辞典・事典】　135
【主な公共機関】　136

索引 137

まえがき

谷釜了正（日本体育大学名誉教授）

　バスケットボール競技にプレーヤー、コーチとして経験を重ねてきた
スポーツ史研究者たちが、スポーツ史研究の特殊史としてのバスケット
ボール競技史学を開拓しようとする本邦初の野心的試論を上梓した。

　本書は、故岸野雄三先生が世界で最初に著わした「体育スポーツ史」
の学問的体系を提示し、その課題と展望を世に問うた『体育史～体育史
学への試論』（大修館書店、1973年）をベースにして構成されている。さ
らに、岸野先生が昭和47（1972）年に編集刊行した『スポーツの技術史』
（大修館書店）をバスケットボール競技史研究のガイドラインとして論じ
たものである。上掲二書はすでに絶版につき入手できないこともあって、
新進の研究者が手にすることは難しいが、これらをスポーツ史研究の古
典として熟読して欲しいものである。そのための道標になるのが、本書
であり、『バスケットボール学入門』（内山・小谷編著、2017年、流通経済
大学出版会）である。ともあれ、バスケットボール競技史研究のスター
トラインに立っている研究者が本書を手にすることを期待したい。

　バスケットボールの歴史は、アメリカの YMCA トレーニングスクー
ルでこの学校の教師であったネイスミスが冬季には運動不足になりがち
な若者のために室内運動場（体育館）でプレーできる体育運動教材とし
て考案したことに始まる。13のルールをもって始まったその運動教材は、
その後、全米へと普及するとともに海を越えて世界中へ飛び立っていく。
日本への普及に関してはすでに研究されているところであるが、その他
の国々にどのようにして伝播していったのかについては、日本では詳ら

vii

かではない。

　NBA の選手層を眺めるとアメリカ国籍のアスリートだけではないし、バスケットボールはオリンピック競技種目として国際スポーツにもなっていることがわかる。だから、バスケットボール競技史は〈バスケットボール競技の世界史〉、〈バスケットボール競技の近現代史〉として語られる必要があるといえる。19世紀の後葉にアメリカで誕生した競技スポーツのうち世界的で最も競技人口が多いのはバスケットボール競技である。したがって、バスケットボール競技史の探求は、同時に世界史としてのスポーツの近現代史を拓くことに通ずるといわねばならない。映像の時代にふさわしい映像・動画を編集したバスケットボール競技史も可能になってくる。このような視点から〈バスケットボール競技の世界史〉を描くことができる日は、そう遠くないように思う。本書がその役割を果たすに違いないと思うからである。

1. バスケットボール競技史研究の対象と領域

（執筆責任者：谷釜尋徳）

　バスケットボール競技の歴史的な叙述は、古くはこの競技の創案者である James. Naismith 本人によって行われている[1]。しかし、日本においてバスケットボール競技の歴史に関心が払われるようになったのは、競技の移入からしばらく経ってからのことであった。日本のバスケットボール競技の移入は、明治期に女子体育の教材として「球籠遊戯」とか「毬籠」なるものが採用されたことにはじまるが、その教材紹介文において競技の歴史が記述されることは稀で、「由来」[2]が語られた例も僅かである。

　やがて、Franklin H. Brown によって Naismith 由来の本格的なバスケットボール競技が伝来すると、鈴木重武[3]、安川伊三[4]、小高吉三郎[5]、宮田覚造・折本寅太郎[6]らの著作に、競技の理解を助けるための概史が付帯されるようになる。大日本バスケットボール協会の機関誌『籠球』には、「本邦籠球成長史抄」[7]「籠球の発達を省みて」[8]といった編年史も寄稿された。

　李想白の大著『指導籠球の理論と実際』には紙幅を割いてバスケットボール競技の通史が整理されている[9]。その意図は「凡て事物の由来を探求することの価値は、それの本質を解明、理解するに役立つために他ならぬ」[10]という点にあったが、バスケットボール競技の本質をその成り立ちに求めようとする視座に立った歴史叙述は、単なる概史から一歩飛び出した興味関心に基づいていたといってよい。

　通史的な内容から踏み込んだバスケットボール競技の個別史が登場す

るのは、およそ戦後のことであったが、学問史的な記述がここでの目的
ではないため、以降の先学の紹介は差し控えたい。

　ともあれ、本書のように、バスケットボール競技の方法論自体に関心
が寄せられるようになったのは、至って最近のことである[11]。関連学会
の設立を背景に、「バスケットボール学」[12]の構築に向けて各専門諸学の
方法論を提示した『バスケットボール学入門』[13]なる書物も上梓された。

　バスケットボール競技史を包摂する体育・スポーツ史の学問論や研究
方法論は、当該分野の泰斗らによって蓄積されてきた[14]。こうした研究
成果の「体育」ないし「スポーツ」という文言を「バスケットボール競
技」に置き換えれば、ある程度の示唆を得ることが可能になる。しかし
ながら、さらに立ち入って種目別スポーツ史の発展を企図するならば、
バスケットボール競技史に固有の学問性を特定し、その方法論を整理し
ておくことは必要不可欠な作業であろう。

　そこで本章では、研究対象としてのバスケットボール競技史について
検討し、次いでその学問的な位置づけを明確にし、最後にこの分野が内
包する研究領域の広がりを確認することにしたい。

　なお、本章は日本の体育・スポーツ史研究の権威者である岸野雄三の
各種の論稿に多分に依拠して執筆されている。

1－1　バスケットボール競技史研究の対象

　スポーツ史学の研究対象は、「スポーツおよびスポーツにかかわる諸
現象」[15]である。だとすれば、スポーツ史学の一領域を占めるバスケッ
トボール競技史研究の対象もまた、「バスケットボール競技およびバス
ケットボール競技にかかわる諸現象」と置き換えることができよう。

　そもそも、バスケットボール競技とは何であろうか。内山治樹によ
れば、バスケットボール競技の競技特性は、「頭上の水平面のゴールに
ボールを入れるシュートの攻防を争点として、個人やグループあるいは
チームが同一コート上で混在しながら得点を争うこと」[16]であるという。

2

1. バスケットボール競技史研究の対象と領域

　歴史研究は本質的には「変化の研究」[17]であるがゆえに、バスケット
ボール競技を対象とした歴史研究も、時系列になぞらえて何がしかの現
象の「変化」を捉えることを目指さねばならない。したがって、バス
ケットボール競技史研究の中心的な課題とは、その研究対象の変遷を時
間軸に乗せて解き明かすことであるといえよう。

1－2　バスケットボール競技史研究の今日的意義

　歴史学的な研究は、ただ単に過去の出来事を時間に沿って配列するだ
けでは十分ではなく、当該研究課題を遂行する上での今日的意義が問わ
れることになる。今日的な問題点に端を発して、それを解決しようとす
る手掛かりを歴史的な世界に見出そうとする姿勢が肝要との考え方があ
るためである[18]。このことは、バスケットボール競技史研究においても
例外ではない。一方、バスケットボール競技史研究がバスケットボール
競技の「今」を捉えるための学問であるならば、現行のバスケットボー
ル競技に対する理解を深めておくことも重要であろう。

　以下、バスケットボール競技史研究が今日の実践現場にいかに貢献し
得るのか、とりわけ技術史・戦術史研究の領域を引き合いに出して検討
していきたい。

①技術の持つ歴史性の把握

　Kurt Meinel はスポーツ運動技術を指して、「実践のなかで発展し、
実践によって変化し、たえず修正や改良が行なわれ、また全体的に、あ
るいは部分的に古くなっていく」[19]と説いた。より良い成果を求め続け
る限りにおいて、技術は「時間的制約」[20]から逃れることはできないの
である。

　したがって、今日のバスケットボール競技で用いられている技術は、
過去のプレーヤーやコーチによる試行錯誤の蓄積の上に成立しているの
であって、その意味では、あくまで今のところ有効性を認められている

に過ぎない。こうした技術の持つ歴史性を無視して、今のところ有効な
技術のみに固執して、「鋳型化」[21]された運動経過の習得をひたすら図ろ
うとする方法は、技術の発展を阻害してしまうことになる[22]。

バスケットボール競技の実践現場においても、既存の技術の習得を目
指すことはもちろん、さらなる新技術への試行錯誤は必須であるといわ
ねばならない。吉井四郎が「私は現在バスケットボール界で絶対の真理
であると信じられている理論やプレーの原則のなかで、随分疑わしいと
思われるものがあるのではないかと感じている。新しい基礎技術を発見
するためには、まずこの検討からはじめなければならない」[23]と指摘す
る通りである。

②技術を変化させる要因の特定

金子明友は体操競技のコーチングをめぐって、「技は時間とともに変
化していくものならば、技を変化させる要因も含めて、その技の本質的
構造が考察される必要がある」[24]と説いた。この「変化させる要因」を
特定するためには、歴史的事実にヒントを求めることが妥当である。

体操競技に限らず、過去において、とある要因が技術的な変化を引き
起こしたことが確認されれば、その情報は上述した技術の持つ歴史性の
問題とも絡んで、今後の技術発達を目指す上での貴重な手掛かりとな
る。例えば、戦後、バスケットボール競技の専用球の改良が日本人のド
リブル技術の発達を促したという史実[25]は、今後、仮にボールにドラス
ティックな変化が起こった際に、またしてもドリブル技術が大きく変わ
る可能性があることを示唆しているのである。

③指導の方向性の確認

吉井によると、バスケットボール競技の技術の歴史的な発達段階は、
今日におけるおおよその指導順序を示しているという。とりわけ、吉井
が強調するのは、「技術の発達史における発達段階と初心者に対する指
導段階は、基本的には同じであるべきである」[26]という点である。吉井

4

1. バスケットボール競技史研究の対象と領域

が前提とするのはアメリカの発達史であるが、より有効な技術を求めた過去の人々が未来への見通しもなく試行錯誤していた一方、競技の誕生から今日に至るまでの技術の発達段階を知り得る現代人は、初心者に対して「次段階への発達を考慮しての指導をすることができる」[27]のだという。

こうした初心者指導の具体的方法について、吉井は以下のような見解を示している。

「初心者がバスケットボールの技術を習得するには、習得すべき順序があり、段階があるけれども、その習得した技術の強弱は、それまでに習得したバスケットボールのより基礎的な力の強弱によって大きく影響されるものである。それゆえに、ある段階のある技術をより強力なものにしようと考えれば、もう一度最初の段階にもどってバスケットボールの基礎的な力の強化をより一層はからなければならない」[28]

吉井の見解に依拠すれば、バスケットボール競技の技術には歴史的な発達段階に基づく階層的な指導順序があり、必要に応じて過去に有効性を発揮した技術に立ち戻ってみることも、特に初心者指導の場合には有効であるといえよう。技術発達史の中で古くなった運動形態であっても、その習得が学習行為の目標達成に役立つと認められ、個人の学習過程において段階的に位置づけられる場合には「技術」とみなされるのである[29]。

以上より、バスケットボール競技の技術史的側面の解明は、今日の実践現場においても価値ある知見を提供し得るといえよう。

④攻防の対峙関係の理解

かつて岸野は、運動学の各論（＝特殊運動学）を論じるにあたってバスケットボール競技を「集団運動学」に分類し、そのチーム・ゲームと

しての特徴を「タクティック（戦術─引用者注）に基づく両ティームの攻防という場で展開する」ところにみている[30]。また、バスケットボール競技の戦術研究に従事した稲垣安二も同様にして、攻防の対峙関係がゲームを構成すると説いた[31]。もとより、戦術とは「行動の結果を考慮して、最も合目的的に目的を達成する方法」[32]と説明されるが、これをバスケットボール競技のゲームに当てはめてみよう。

　攻撃局面において得点するためには、防御陣を打破してより高確率のシュートを打つ必要があるが、これを達成する最も合目的的な方法が攻撃戦術であり、そこには絶えず相手の防御形態が意識されている。一方、防御局面においては、相手の攻撃戦術を上回る防御戦術を駆使して失点を防ぐという真逆の思考が成立する。とある有効な攻撃（防御）戦術への対抗手段は、それを上回るだけの防御（攻撃）戦術を試行する以外には存在しないのである。この基本的な考え方は、過去の世界においても変わることはない。

　こうして考えてみると、バスケットボール競技の戦術史とは、とりもなおさず「相手をどのように打ち負かそうとしたのか」という歴史であるといってよかろう。事実、19世紀末葉にアメリカで産声を上げてから此の方、バスケットボール競技の戦術は幾重にもおよぶ発達を遂げてきた。吉井が、技術や戦術の発達段階は「いかなる攻撃法に対してどのような防御法が効果的であるか、またどのような防御法に対してはいかなる攻撃法が強いかを端的に示している」[33]と指摘したように、バスケットボール競技の攻防の戦術史を時間軸に乗せて解き明かしていったとき、それはゲームで成功を収めるための価値ある情報となろう。

　サッカーやバスケットボール競技のような攻防の対峙関係から成る競技では、歴史的な戦術の発達段階の考察が今日の戦術理論に対する理解を促すとされており[34]、ここに戦術史研究の今日的意義（実践現場への還元）の一端をうかがうことができる。

1．バスケットボール競技史研究の対象と領域

1−3　バスケットボール競技史研究の時代区分

　歴史研究には時代区分がつきものである。従来、一般史においてはヨーロッパ由来の三区分法（古代・中世・近代）が用いられてきた。日本史の場合は、中世と近代の間に近世を加える場合もある。文献史料によって歴史が描ける時代を有史時代、それ以前を先史時代と大別するのが通常であろう。スポーツ史研究においては、「前近代」「近代」「後近代」という区分も提示されてきた[35)]。

　日本を対象とした一般史の時代区分法は、原始、古代、中世、近世、近代、現代の6つを措定することが多い。さらに細かく、政治体制、遷都、元号に応じた区分も用いられる。そのほか、機械的ではあるが最も定着した区分法は、19世紀、1800年代、90's などといった西暦に基づく表記であろう。（詳細は表1を参照されたい）

　しかしながら、政治史をメインとした一般史とは異なり、歴史学上の個別史ないし特殊史の領域に位置づけられるスポーツ史の場合、上記の時代区分法がそのまま当てはまるとは限らない。バスケットボール競技に関する大きな出来事が、昭和と平成、近代と現代などの一般史的な境目で都合よく発生する必然性はどこにもないからである。

　したがって、研究遂行上の時代区分は、研究者の問題意識や時代認識によって異なる。これを堀米庸三は「おのおのの歴史家は、やはり自分自身の専門を基礎にしながら、自分自身の時代区分を考え、それを世間に提示して、批判を受けなければならないものと思います」[36)]と表現し、山本博文は「実際の歴史は切れ目なく続いているものですが、それを研究している歴史学者はさまざまな指標を用いてそこに時代の変化を見いだします。その中の大きな変化を時代の切れ目、時代の画期だと捉え、そこで時代を分けているのです」[37)]と説明した。

　表2は日本バスケットボール協会による組織体の変遷を意識した時代区分、表3は谷釜による技術史および学問史を意識した時代区分である。両者は重なる部分があるとはいえ、対象とする事象によって時代区分の

認識に幾分異同が生じていることがわかる。

表1　日本の一般史の時代区分

原始	約3万6000年前〜	旧石器時代	
	約1万3000年前〜	縄文時代（新石器時代）	
	約2500年前〜	弥生時代	↑ここまでが「先史時代」
古代	1世紀頃	※『漢書地理志』に倭人の記述あり	↓ここからが「有史時代」
	239年	※『魏志倭人伝』に邪馬台国の記述あり	
	3世紀中頃〜	古墳時代	
	266〜413年	※中国の史書にも記述がない空白の4世紀	
	593年〜	飛鳥時代	
	710年〜	奈良時代	
	794年〜	平安時代	
中世	1192年〜	鎌倉時代	鎌倉幕府成立年は、1185年説をはじめ諸説あり
	1336年〜	南北朝時代	
	1392年〜	室町時代	
	1477年〜	戦国時代	
近世	1573年〜	安土桃山時代	
	1603年〜	江戸時代	
近代	1868年〜	明治時代	
	1912年〜	大正時代	
	1926年〜	昭和時代	第二次世界大戦終結までが近代
現代	1945年〜	昭和時代	第二次世界大戦終結後からが近代
	1989年〜	平成時代	

山本博文（2013）歴史をつかむ技法. 新潮社, p.94より作成

1. バスケットボール競技史研究の対象と領域

表2　日本バスケットボール協会による時代区分

	1891年〜	揺籃期
近代	1921年〜	伝播期
	1931年〜	定着期
現代	1945年〜	復興期
	1964〜1980年	発展期

日本バスケットボール協会広報部会編（1981）バスケット
ボールの歩み：日本バスケットボール協会50年史．日本バ
スケットボール協会より作成

表3　バスケットボールの技術史および学問史を意識した時代区分
（バスケットボールの移入〜オリンピック東京大会）

	1894年〜	女子競技としてのバスケットボール競技の変容
近代	1913年〜	バスケットボール競技の学校教材への採用と本格的な伝来
	1921年〜	全日本選手権の開催
	1930年〜	大日本バスケットボール協会の設立
	1936年〜	第11回オリンピック競技大会（ベルリン）参加と戦時体制への突入
現代	1945年〜	日本籠球協会の再発足とハワイ2世チームの来日
	1956年〜	オリンピックへの復帰
	1961年〜1964年	オリンピック東京大会に向けて

谷釜尋徳（2017）日本におけるバスケットボール研究の歴史．内山治樹・小谷究編著，バス
ケットボール学入門．流通経済大学出版会，pp.1-33より作成

1−4　研究対象の中心と周縁

　従来、日本の研究者が取り組んだスポーツの技術史・戦術史研究の多くは、主に当該スポーツ競技の技術書や指導書の内容に依拠してきたが、そこには注意点が潜んでいる。つまり、上記の史料が教える技術・戦術の情報はあくまでその時代（あるいは著者）の理想像であって、「実際の

9

ゲームの中でそうした理想が実現する場面は限られている」[38]のである。この点を補完し得る史料として、新聞報道や雑誌記事が挙げられるが、この手の史料から再構成される技術史・戦術史は一部のトップレベルに焦点を絞った「少数者の歴史」[39]になることが懸念される。トップレベルの技術・戦術の発達は、一定のタイムラグを経てすべての競技レベルで個人やチームの習熟段階や指導の方向性を確認するための知見を提供する[40]。しかし、史料的な限界を克服して、トップレベルに属さない多くの未熟練者の技術・戦術を明るみに出すことは、バスケットボール競技史研究における今後の大きな課題である。

とある研究テーマに興味を抱いても、「テーマを研究するための史料が存在するかどうか」、そして「史料が信頼できる証拠を記録しているか」が確かめられなければ、そのテーマを扱うことは断念せざるを得ない[41]。この意味で、歴史の叙述からこぼれ落ちてしまいがちな研究対象も存在する。その顕著な例が、女性のバスケットボール競技史である。成瀬仁蔵を嚆矢とする体育教材としての女子バスケットボール競技の研究はある程度開拓されているが、これが技術史・戦術史となると女性が検討の俎上に乗ることは稀である。ただし、例えば戦前のバスケットボール競技専門誌『籠球』には、女性に対する指導法の論稿や女子の大会に関する戦評も一定量掲載されているので、決して過去の再構成が不可能な分野ではない。

時代別に考えれば、日本のバスケットボール競技史は近代史偏重の傾向にあり、残存史料が増加するはずの現代史の研究は思いのほか低調である。これは、史料的限界と逆行する現象であるが、近代に刊行されたバスケットボール競技専門誌や指導書は限定的な割にはほどよく残されているため、史料収集に事欠かないことが関係していると推測される。逆に現代史の方は、豊富な文献史料をどこまで収集するのか、映像史料をどのように扱うのか、そして存命の当事者による口述記録を聴取するのかなど、バスケットボール競技史の描き方を定めることが近代史よりも困難だという事情も伏在している。

1. バスケットボール競技史研究の対象と領域

対象とする空間に言及すれば、概ね大都市圏のチームやそこで開催される各種大会が取り上げられることが多く、地域を絞り込んだ研究はほとんど進展していない。

このように、従来の日本のバスケットボール競技史研究は、歴史的な世界のほんの一部分を切り取ってきたに過ぎず、今後の研究の余地が大いに残されているといえよう。「中心」に関わる問題は取り上げてきたものの、「周縁」の事情の解明には無関心であったといわねばならない。

1－5　バスケットボール競技史研究の学問的位置づけ

表4に示したように、スポーツ科学はスポーツに関わる諸現象に対して、各専門諸学を駆使しながら働きかける学問である。スポーツ科学は、人文・社会科学・自然科学の様々な専門諸学から構成されるが、それぞれの専門諸学では親科学の方法論を援用して研究が行われる。したがって、スポーツ史はスポーツ科学と歴史学の両方にまたがる性格を持つ。スポーツ史研究はスポーツ科学の一領域をなす一方で、親科学としての歴史学的な原則に制約されているのである[42]。

スポーツ史の体系を整理したものが表5である。対象と領域の組み合わせによって研究テーマが構成されるが、このうち研究対象としてバスケットボール競技を選択したものがバスケットボール競技史研究となる。研究領域の欄に記載された「スポーツ〇〇史」のスポーツという文言をバスケットボール競技に置き換えれば、「バスケットボール競技の技術史」「バスケットボール競技のコーチング史」「バスケットボール競技の用具史」などといった研究領域が立ち上がってくる。

近年、「バスケットボール学」の構築に向けた動きも活発であるが、その体系はスポーツ科学のそれに準えて表6のように示すことができる。バスケットボール学とスポーツ科学の位置関係については、並列関係なのか上下関係が存在するのか、その検討は及んでいないが、バスケットボール競技史研究はバスケットボール学の専門諸学の一つとして位置付

11

表4　スポーツ科学の中のスポーツ史

	専門諸学	親科学
スポーツに関わる諸現象　←←← スポーツ科学	スポーツ哲学	哲学
	スポーツ史	歴史学
	スポーツ社会学	社会学
	スポーツ人類学	社会学（人類学）
	スポーツ心理学	心理学
	スポーツ生理学	生理学
	スポーツバイオメカニクス	物理学・工学
	スポーツ経営学	経営学
	スポーツ法学	法律学
	スポーツ政策学	政策科学
	スポーツ情報学	情報科学
	スポーツ栄養学	栄養学
	スポーツ運動学	自然・人文・社会科学
	コーチング学	スポーツ科学の各専門諸学を総合的に援用
	スポーツ医学	医学
	スポーツ衛生学	衛生学
	…	…

友添秀則（2016）スポーツ科学のこれまでとこれから．現代スポーツ評論，（34）：13．日本体育大学体育研究所編（2015）日本体育大学スポーツ研究A・B．ナップ，p.9より

1. バスケットボール競技史研究の対象と領域

表5　スポーツ史の中のバスケットボール競技史の位置づけ（日本の場合）

スポーツ史			
研究対象 （時代）	研究対象 （事物）	研究領域	
		一般研究領域	個別研究領域
古代	スポーツ全般の歴史	スポーツ通史	健康スポーツ史
中世	オリンピック史	世界スポーツ史	スポーツ宗教史
近世	パラリンピック史	時代別スポーツ史	医療スポーツ史
近代	学校体育史	地域スポーツ史	民族スポーツ史
現代	運動部活動史	…	スポーツ形態史
…	地域スポーツ史		スポーツ産業史
明治	民族スポーツ史		スポーツ技術史
大正	武道史		スポーツ戦術史
昭和	スポーツ政策史		スポーツ修練史
平成	…		スポーツコーチング史
…	種目別スポーツ史		スポーツ用語史
19世紀	・野球史		スポーツ用具・施設史
20世紀	・サッカー史		スポーツ教育史
21世紀	・バスケットボール史		スポーツ政策史
…	・バレーボール史		スポーツ法制史
1850年代	・陸上史		スポーツ人物史
1960年代	・水泳史		スポーツ思想史
2000年代	…		スポーツ学説史
…			アダプテッドスポーツ史
			…

稲垣正浩・谷釜了正（1995）スポーツ史研究法．稲垣正浩・谷釜了正編著，スポーツ史講義．
大修館書店，p.1-33より作成

表6　バスケットボール学の中のバスケットボール競技史

専門諸学	親科学
バスケットボール競技の哲学	哲学
バスケットボール競技の歴史	歴史学
バスケットボール競技の社会学	社会学
バスケットボール競技の人類学	社会学（人類学）
バスケットボール競技の心理学	心理学
バスケットボール競技の生理学	生理学
バスケットボール競技のバイオメカニクス	物理学・工学
バスケットボール競技の経営学	経営学
バスケットボール競技の法学	法律学
バスケットボール競技の政策学	政策科学
バスケットボール競技の情報学	情報科学
バスケットボール競技の栄養学	栄養学
バスケットボール競技の運動学	自然・人文・社会科学
バスケットボール競技のコーチング学	スポーツ科学の各専門諸学を総合的に援用
バスケットボール競技の医学	医学
バスケットボール競技の衛生学	衛生学
…	…

バスケットボール学

バスケットボール競技に関わる諸現象

友添秀則（2016）スポーツ科学のこれまでとこれから．現代スポーツ評論，（34）：13．日本体育大学体育研究所編（2015）日本体育大学スポーツ研究Ａ・Ｂ．ナップ，p.9より作成

1. バスケットボール競技史研究の対象と領域

けることができよう。

　このように、バスケットボール競技史とは、少なくともスポーツ科学、スポーツ史、歴史学、バスケットボール学との接地面を有する研究分野なのである。

1－6　バスケットボール競技史の研究領域

　表5において示したように、スポーツ史研究には一般研究領域（一般史）と個別研究領域（個別史）が存在するが、これをそのままバスケットボール競技史研究にも当てはめることができる。一般領域ではいわゆる通史を扱い、個別領域ではバスケットボール競技の技術史、バスケットボール競技の用具史、バスケットボール競技の修練史などといった内容を絞り込んだ事象の個別的な歴史が語られることになる。

①バスケットボール競技史の一般研究領域

　スポーツ史における一般研究領域は、「総合的なスポーツ史的理解を深めようとする領域」[43]のことを指す。これをバスケットボール競技史に置き換えれば、この競技の来し方の全体像が総合的に叙述されることになろう。

　バスケットボール競技史における最も著名な一般研究は、競技の創始者 Naismith による "Basketball: It's origin and development"[44]であろう。本書は水谷豊による翻訳書『バスケットボール—その起源と発展—』[45]を通して、競技の発生、ルールの制定、用具や技術の発達、海外伝播に至るまでの経緯を日本にも伝えている。

　とはいえ、過去のバスケットボール競技界に起こった現象のすべてを漏れなく再構成することは不可能なので、一般研究領域でも地域や時代を基準にいくらかテーマが細分化される場合が多い。例えば、「戦前における日米バスケットボール競技交流史」「戦後における○○県のバスケットボール競技史」「日本のバスケットボール競技用具販売業の変遷」

15

「○○県バスケットボール協会80年史」などといった具合である。『バスケットボールの歩み―日本バスケットボール協会50年史―』[46]、『新潟県バスケットボール史（戦前篇）』[47]、『一高籠球部史』[48]などといった記念誌の類は、この領域に含み入れてよかろう。

　一般研究領域の役割は、ただ単にバスケットボール競技史の概略を知らせることだけではない。福井憲彦が「個別の問題が、全体的な歴史の脈絡との関係でどう理解できるのか、という問いを立てるか否かは、その問題の理解の幅を大きく変えるであろう」[49]と指摘するように、バスケットボール競技史の特定の事象を研究する場合でも、総合的な理解から相対化された個別研究であった方がよい。

　参考例として、昭和39（1964）年の東京オリンピックを引き合いに出してみよう。このオリンピックの日本代表の競技成績は第10位で、開催国ながら入賞は果たせなかった。しかし、日本は1960年に開催された第17回オリンピック競技大会（ローマ）では全敗を喫し、参加16チーム中の第15位に沈んでいる。その後、吉井四郎を監督に据え、独自の戦い方で欧米の強豪国との差を急速に縮めた結果、東京オリンピックでは前回大会4位のイタリアを含む欧州勢を次々と破り、堂々第10位（4勝5敗）に食い込む。こうした全体的な脈絡を把握していれば、東京オリンピックの第10位はむしろ「好成績」だったと理解することもできよう。

②バスケットボール競技史の個別研究領域

　一般研究領域が総合的な歴史叙述を目指す一方、個別研究領域では具体的なテーマ設定がなされる。学術論文として学会機関誌や大学紀要などに掲載されるのは、大半がこの領域に属する研究成果である。表5に示された、スポーツ史の個別研究領域の「スポーツ」という文言を「バスケットボール競技」に置き換えたものが、ほぼそのままバスケットボール競技史の個別研究領域となる。バスケットボール競技を歴史的な視点から解明しようとするとき、多様なアプローチが存在することがわかる。

1. バスケットボール競技史研究の対象と領域

　ここでは、当該研究領域の中から比較的テーマ設定がしやすいものを
いくつかを抽出して、各領域で想定される研究内容を記述する。

(1)バスケットボール競技の受容史・普及史

　日本人がバスケットボール競技という外来文化をどのように受容し、
普及せしめたのかを考察する領域である。

　Naismith が考案したバスケットボール競技を日本にはじめて伝えた
のは大森兵蔵だと伝えられている[50]。大森は1908（明治41）年に東京神
田の YMCA で会員にバスケットボール競技を教授したのを皮切りに、
慶應義塾大学や日本女子大学にも指導に出向いていたという[51]。

　日本におけるバスケットボール競技的な競技の移入は、女子の体育教
材として早々に行われている。日本で最初の女子バスケットボール競技
の紹介者は成瀬仁蔵である[52]。成瀬がアメリカの女子大学からバスケッ
トボール競技を持ち帰り、1894（明治27）年に梅花女学校校長となって
同校の女子学生に「球籠遊戯」を指導したことをもって嚆矢とする。た
だし、成瀬が生み出した教材や、その後日本国内に普及していった女子
バスケットボール競技は、Naismith 考案の競技とは趣を異にしていた。

　やがて、1913（大正2）年にアメリカ人の Franklin H. Brown が来日
し、神戸・東京・京都・横浜の YMCA でバスケットボール競技を指導
した。ここに、それまでの女子競技としてではなく、現行競技に連なる
本格的なバスケットボール競技が日本に伝えられることになる[53]。

　とはいえ、アメリカから日本への伝播経路や日本国内での普及過程は
不明な部分が多く、今後解明が期待される領域である。

(2)バスケットボール競技の技術史

　前述のように、歴史研究とは「変化の研究」[54]である。また、岸野が
技術史研究を指して「運動のテクニックの歴史的変遷を研究する領域で
ある」[55]と明言しているように、バスケットボール競技の技術史研究に
おける中心的な課題は、その技術的な変遷を時間軸に乗せて解き明かす

17

ことにあるといえよう。

　しかしながら、これをもって技術史研究の対象のすべてが尽くされているわけではない。岸野によって「われわれの求めるあたらしいスポーツの技術史の研究は、技の発生と、その技術化の過程を中核とする」[56]との見解が示されているからである。

　岸野のいう「技術」とは、客観的な価値を認められた一般妥当的な運動経過を指す。ゆえに、個人によって有効な課題解決法としての運動の仕方が新たに見出されても、それが当人の身体的諸能力によって条件づけられているならば、その運動経過は「技術」として一般化されることはない[57]。一方、個人が示した運動の仕方に誰しもが模倣可能な技術性が内包されている場合は事情が異なり、皆がこぞってその運動の習得に勤しむようになる[58]。

　これをバスケットボール競技のワンハンド・シュートの技術史に当てはめてみよう。中距離からのワンハンド・シュートの考案者は、1930年代半ばにアメリカのスタンフォード大学で活躍した Hank Luisetti であると考えられている[59]。それまで、中距離からのシュート技術は、男性の間でも両手で胸の位置からリリースするチェスト・シュートが一般的で[60]、コーチの大半はゴール付近を除いて片手でシュートすることを認めていなかった[61]。そのため、当初は Luisetti の用いたワンハンド・シュートに対して批判的な見解が相次ぎ、この技術には一般妥当的な価値が保証されていなかった。

　しかし、その後も Luisetti がワンハンド・シュートを巧みに用いて成功を収め続けると、多くのコーチがチェスト・シュートよりも素早いリリースが可能で、ディフェンスにブロックされ難いワンハンド・シュートの有効性を認識し、各チームにおいてこれを採り入れるようになった[62]。ワンハンド・シュートの普及状況には東西で差異があったものの、1950（昭和25）年頃にはアメリカ全土に普及していったという[63]。ここに、Luisetti のワンハンド・シュートが誰にでも習得可能な「技術」として定立したのである。

1. バスケットボール競技史研究の対象と領域

　しかし、このことは、ワンハンド・シュートを採り入れた全てのプレーヤーが寸分狂わぬ同一の運動経過を獲得したことを意味しているのではない。朝岡によれば、スポーツ運動技術には「運動経過に一定のゆとりないし幅というものが許されている」ために、「個々の運動者の体型や体力の違いにも関わらず、一般妥当性というものを獲得することができる」のだという[64]。同じワンハンド・シュートであっても、フォームに特徴や個人差が生じているのはこのためである。

　以上より、技術の変遷を捉えるだけではなく、その発生や技術化の過程を時系列で解明することも、バスケットボール競技の技術史研究の範疇である。この領域では、人間の運動経過（＝技術）の問題を取り扱うため、スポーツ運動学的な分析法の認識も必要になる。反対に、スポーツ運動学の方面からも歴史的視点への接近が試みられている[65]。

(3)バスケットボール競技の戦術史

　バスケットボール競技は味方や敵を取り巻く攻防の戦術的な相互関係の上に成立する。バスケットボール競技の「戦術」は「局面を打開するための方法論」[66]と定義されているが，そこには１対１（個人戦術）、２対２・３対３（グループ戦術）、５対５（チーム戦術）、あるいは各種のアウトナンバーに至るまで、様々な攻防の「局面」が想定されている。したがって、バスケットボール競技の戦術史においては、例えばモーションオフェンス、２-３ゾーンディフェンスなどといった５対５の対峙を前提とする戦術の変遷のみならず、あらゆる場面での攻防の対峙関係の歴史が素描されることになる。

　攻防の対峙関係を打破するという戦術的な意図は、技術の変遷とも大いに関わってきた。それは例えば、日本における中・長距離からのシュート技術のリリースが両手から片手へと移行していく過程に端的に表れている。大正末期～昭和初期頃の指導書に解説されていたのは、胸の前にボールを構えて両手でリリースするチェスト・シュートと、ボールを下から持ち腰付近まで下げ反動をつけて同じく両手でリリースする

19

アンダーハンド・シュートであったが、ディフェンスが接近した場合に
ブロックされ難いという観点からチェスト・シュートの方が選び採られ
ていた。1935（昭和10）年頃より、チェスト・シュートの打点の低さや
ディフェンスの接近を意識するあまり慌ててリリースしてしまうという
欠点が指摘されるようになり、それよりも打点が高く素早いリリースが
可能なワンハンド・シュートの技術を習得する必要性が生じてくる[67]。

　ワンハンド・シュートは昭和20年代初頭にはアメリカの技術として日
本に伝わっていたものの、これは体の小さな日本人には習得が不可能だ
と考えられていた。ところが、1950（昭和25）年に日本人と同等の体格
を有するハワイ日系2世チームが来日してワンハンド・シュートを披露
したことで[68]、日本人の間でも当該技術の一般妥当性が認知されるに至
り、以降、男性の間ではワンハンド・シュートの技術が普及していった
という。

　バスケットボール競技の戦術史研究は、戦術の変遷を時系列で並べる
だけでは十分ではなく、その変化の要因にまで及んで解明することが求
められる。ただし、戦術の変遷は単独の要因によって引き起こされるも
のではなく、技術の発達、施設・用具の改良、競技規則の変更など、多
様な要因が複合的に絡み合っている事情は考慮しておかねばならない。
また、この領域ではプレーヤーの運動経過やポジション移動などを扱う
ため、史料が伝える人間の「動き」を紙上でいかに客観的に記述し説明
するのかも含めて、方法論の構築が待たれている。

　動きを見抜く「眼」が物を言う戦術史や技術史の研究は、「門外漢
には手を簡単に出せない」[69]難解な領域だとされることもある。その分、
バスケットボール競技に従事した経験のある者の方が取っつきやすいが、
得られた難解な史実をどのように一般化して読者に送り届けるのか、こ
の点もやはり難解な問題を孕んでいるといわねばならない。

　研究を遂行する上では、球技戦術論[70]の方法論をバックグラウンドに
することも可能である。また、今日的な関心から過去に遡るならば、昨
今のバスケットボール競技の戦術論にも注目すべきであろう。

(4)バスケットボール競技の修練史

　岸野は、「修練」という名辞は「訓練とか練習とかに置きかえることもできるし、古風に表現すれば稽古などともいえる」とし、「運動をはじめ、いろいろな負荷を身体に与え、それを繰り返し練習する意味に用いられる」と説明した[71]。したがって、この領域では、バスケットボール競技のパフォーマンス向上を目指して実施されたあらゆる「練習」を対象として、その狙いや方法の歴史的変遷が叙述される。

　従来、技術・戦術の歴史は人目に触れやすい公式戦の場面を切り取って評せられてきたが、実際にバスケットボール競技がプレーされた時間のボリュームは、公式戦よりも準備段階としての「練習」の方が圧倒的に上回っているはずである。

　過去のプレーヤーやコーチが、一旦世の中に定立した技術や戦術をどのように習得し（させ）ようとしたのかを探るためには、その試行錯誤の場面として「練習」に着目する必要がある。しかし、日本のバスケットボール競技史研究のうち「どのように練習したのか」を対象としたものは、管見では吉井の論稿[72]を含め僅かしかない。吉井が自身の経験をもとに『種目別現代トレーニング法』で提示した内容によれば、書籍刊行時点（1968年）までの日本のバスケットボール競技の練習法は、概ね５つの段階を経て移り変わってきたという[73]。

　過去の練習の模様を明らかにするには、研究対象とする時代に発行された雑誌記事や指導書が参考になる。ただし、そこに記述された練習法は当時代（あるいは筆者）の理想像であって、それを読者の多くが自チームに落とし込んで実行したとは限らない。したがって、それを世の中に提示された練習法と見なすことはできるが、行われた練習法とまでは断定できないのである。この点の解明にあたっては、各団体の記念誌や座談会記録に散見される回顧談から、練習の模様を拾い上げていくことが一つの方法である。現代史が対象なら、オーラルヒストリーによって当事者の証言から実際に行われた練習を再構築することも可能であろう。

ところで、この領域では、歴史研究といえども、自然科学的な思考が要求されるケースがある。筋力や心肺機能を高めるべく実施されたトレーニングの歴史を研究対象とする場合、運動生理学やバイオメカニクスなどをはじめ関連学問の素養がなければ、問題の真相には接近できないからである。とりわけ、東京オリンピック（1964）に向けて1962（昭和37）年より日本バスケットボール協会内にトレーニングドクターの制度が導入されているので[74]、少なくともこの時代以降の修練史を研究するならば、関連学問にも積極的に関心が払われねばなるまい。

(5)バスケットボール競技の教育史

この領域では、身体教育史の中にバスケットボール競技を位置づけた研究が行われる。いわゆる狭義の体育史研究を指す。従来、児童生徒の学習課題の追求に適うようにアレンジした教材研究が、海外の理論研究も含めて幾重にも積み重ねられてきた。そのため、『学習指導要領』のような公文書をはじめ、教育系雑誌に掲載された教材研究の成果報告など、特に戦後の史料は豊富に残されている。戦後、1980年代中頃までの当該領域の研究蓄積は内山治樹と加藤敏弘によって整理されているが[75]、この期間においてスポーツ教材としてバスケットボール競技を扱った文献は「無数に存在している」[76]という。時代にもよるが、研究材料には事欠かない領域であるといえよう。

前述したように、教材としての女子バスケットボール競技の移入は、成瀬仁蔵の日本式バスケットボール競技を嚆矢として19世紀末葉よりはじまっていた。1901（明治34）年、成瀬は日本女子大学を設立し、第1回運動会で彼が独自に考案した「日本式バスケットボール競技」を披露した。同大学で継続的に開催された運動会の模様は、『日本女子大学の運動会史』[77]にまとめられている。

1913（大正2）年、我が国初の『学校体操教授要目』が公布されるが、その「競争ヲ主トスル遊戯」の中にバスケットボール競技が採用されている[78]。しかし、そこで採用されたバスケットボール競技とは、成瀬に

1. バスケットボール競技史研究の対象と領域

由来する女子バスケットボール競技やそれを簡易化した教材が念頭に置かれていた。

戦前の学校体育史制度の詳細は岸野と竹之下の共著『近代日本学校体育史』[79]に譲るとして、バスケットボール競技が学校体育の教材として復活したのは1947（昭和22）年のことであった。戦後、バスケットボール競技の教材研究は1950年代を「黎明期」として、1960年代には「充実・発展」が図られていく[80]。

こうした時代の潮流の中で、特に小学生の体育教材としてのバスケットボール競技に変化の兆しが見られたのは、1960年代後半のことであった。1964（昭和39）年の東京オリンピックを境に、青少年の体力不足が深刻な問題として扱われはじめると、日本バスケットボール協会も「競技力の向上」と「底辺の拡充」という2つの目標を立てて、小学生のバスケットボール競技に本格的に目を向けるようになった[81]。その後、1968（昭和43）年の『小学校学習指導要領』の改訂によって、正課体育の中で従来のポートボールをバスケットボール競技として指導できるようになり、バスケットボール競技が学校体育の現場で大きくクローズアップされる条件が整っていく。

これを契機に、日本バスケットボール協会は小学生用にアレンジされたルールの作成に取り掛かる[82]。試行錯誤のうえに独自のルールが作られ、1970（昭和45）年3月には第1回の「全国ミニバスケットボール教室交歓大会」が開催されるに至った。

このようにして、学校体育の問題はバスケットボール競技界全体の活発化とも大いにリンクしていることは注目されてよい。学校体育の問題を扱うにしても、各種団体や社会背景との関わりを捉えながら研究を進めていくことは、この領域における一つの有効な方法であろう。

(6)バスケットボール競技のコーチング史

技術史、戦術史、修練史などは主にプレーヤーに光が当てられるが、その傍らには多くの場合「コーチ」の存在が確認される。今日において、

競技スポーツにおけるコーチの役割は「目標を達成・実現するための意欲や自立性と自律性を持つ選手たちを『支援』することにある」[83]と見なされつつあるが、日本のバスケットボール競技史においてもコーチがプレーヤーたちを多方面で「支援」してきた現実を見逃すことはできない。

　古くは、李想白が昭和初期においてバスケットボール競技界のコーチの類型化を試みているが[84]、日本史研究としてバスケットボール競技の「コーチ」「コーチング」などをテーマに取り上げた論稿は、人物史の研究を除けば稀有であろう。修練史の領域において「どのようにして技術・戦術を習得したのか」「どのようにして練習したのか」の解明が重要であるならば、それと付随して「どのように技術・戦術を習得させたのか」「どのようにして練習させたのか」の追求も同じく肝要であることは言うを待たない。

　したがって、バスケットボール競技のコーチング史は、技術史、戦術史、修練史、人物史などとの接点を保ちながら、競技力向上を企図したコーチの指導や支援の実際を時系列で解き明かすことを使命とする領域であるといえよう。

(7)バスケットボール競技の用具・施設史

　運動用具史研究の必要性をいち早く説いた岸野は、その方法上の留意点として「身体運動の側面から人間の問題としてアプローチしていかなければならない」[85]と指摘している。この指摘は、用具そのものの変遷にとどまらず、用具を用いてスポーツを行う人間の「スポーツ運動技術」との関連性を追求する姿勢こそ肝要であることを示唆するものである。加えて、岸野が「施設が改良され、用具が開発されることによって、技術も高度になり、逆に技術が高度になるにつれて、施設や用具も改良されてくる」[86]と述べているように、スポーツに関する「用具」と「技術」は相互に補完しあって成り立っていることを見逃すわけにはいかない。

1. バスケットボール競技史研究の対象と領域

　これをバスケットボール競技に当てはめてみると、用具としてのボールの性能に大きく左右されてきた技術として「ドリブル」をあげることができる。

　戦前のドリブル技術は、イレギュラー・バウンドを前提とする低品質なボールの影響で、ボールを常に注視して身体の正面で操作していたため、ドリブルはシュートやパスが困難な状況下での単純な「つなぎ」のプレーでしかなかった。それが、昭和20年代にイレギュラーしにくい球体にほど近いボールが登場しバウンドの方向が予測可能になったことで、ドリブラーがボールを視界から外して扱える条件が整えられる。すると、昭和30年代に至ってドリブル技術は単なる「つなぎ」の段階を脱して「ボールキープ」の役割を担い、さらには得点に直結し得る攻撃的技術にまで昇華していった[87]。日本人のドリブル技術は、ボールの改良を後ろ盾として発達してきたことがわかる。

　この時代のドリブル技術は、用具のみならず「施設」にも影響を受けていた。昭和20年代まで大半の競技者は屋外のコートでプレーしていたが、一部の板張りのコートを除いて、屋外コートの地面は平坦な状態に保たれてはいなかった。そのため、上記のボールの性能とも相まって、ドリブル時にはイレギュラー・バウンドを想定して、ボールを視野に入れた姿勢を確保する運動経過が必然化したという[88]。

　『スポーツの技術史』において示された用具・施設の改良と技術の発達を結びつける発想[89]は、多くのスポーツ種目に当てはまる比較的分かりやすい研究モデルであるかもしれない。他種目に目を転じれば、金子明友も『体操競技のコーチング』において「器械の技術的改良発展によって、運動技術は予想外の展開をみせ、また反対に、新技や新技術への希求が器械改良の原動力となっていることも否めないことではある」[90]と言及している。ただし、とある用具にドラスティックな改良がみられたとしても、それが必ずしもプレーヤーの運動経過の目を見張るような発達を約束しないところには留意しておくべきであろう。

(8)バスケットボール競技の人物史

　日本のバスケットボール競技に何らかのかたちで影響を与えた人物について、その来歴を叙述する領域である。スポーツ史の分野では『体育スポーツ人物思想史』[91]が著名な業績として挙げられる。

　人物の歴史に触れることは、その思想にも切り込んでいくことを意味するが、研究遂行上の注意点として岸野は「宗教や人種や国籍や階級とともに、その人物が男か女であるかの性別も忘れてはならない問題である。とにかく、一人物の思想は、このようにいろいろな要因のもとに形成されるものであるから、深く切り込もうとすればするほど、慎重を期さねばならない。」[92]と言及している。

　従来のバスケットボール競技史における人物史研究は、日本人では大森兵蔵[93]、佐藤金一[94]、宮田守衛[95]、李想白[96]、松本幸雄[97]、土肥一雄[98]、桂田サキ[99]などを対象に取り組まれてきた。方法論としては、当時代の史料を読み解くことと併せて、子孫をはじめ関係者への聞き取り調査が採用されている。

　過去のバスケットボール競技の世界で起こったあらゆる出来事は、「人」によって生起せしめられたものである。その意味で、当事者たる「人物」にダイレクトに照射した研究は、バスケットボール競技の来し方を理解する上で不可欠な要素となる。

(9)バスケットボール競技の法制史

　岸野は「体育法制史」の範疇を「厳密な意味での法制史的な研究ばかりでなく、行政や管理の分野から、半公共的あるいは私的な機関や団体の組織や運営、さらにスポーツのルールやマナーなどの史的な研究も含めて考えられる」[100]と定めた。したがって、バスケットボール競技史研究における法制史の領域も同様に、広範な内容が取り扱われる。

　バスケットボール競技を「法制史」的な視点から研究する場合、スポーツ関連法規や国・自治体のスポーツ施策とバスケットボール競技の関わりを遡ることもテーマ設定としては可能である。また、国内団体の

「組織や運営」の変遷を扱うなら、例えば男子のトップリーグが全国実業団バスケットボールリーグ（1967年〜）としてスタートしてからＢリーグの開幕（2016年〜）に至るまでの歴史的な経過もこの領域の研究対象となろう。

　バスケットボール競技の「ルール」史研究に取り組むなら、日本における競技規則の変遷と技術・戦術の発達を重ね合わせる方法もあるし、「マナー」の歴史であれば、日本のバスケットボール競技界がスポーツマンシップ、アマチュアリズム、フェアプレーなどとどのように向き合ってきたのかについての変遷を捉えれば、倫理的側面から競技の本質に迫ることもできよう。

⑽バスケットボール競技の学説史

　近年、バスケットボール競技の専門学会（日本バスケットボール学会）が設立され、バスケットボール競技に興味関心を寄せる日本の研究者たちが、専門諸学の枠を越えて一同に会する場が生まれた。

　今後は、バスケットボール競技をテーマとした多様な視点からの個別研究が、知的資源として蓄積されていくことが期待される。しかしその一方で、総論的な把握の仕方にも関心が払われるべきである。従来、日本のバスケットボール競技研究は多様に分化発展してきたが、それらを串刺しにする統合的な理論の構築が検討の俎上に乗せられたことはなかった。若干飛躍して述べれば、スポーツ史・スポーツ哲学・バイオメカニクス・スポーツ心理学・運動生理学などといった「専門諸学」別ではなく、バスケットボール競技という「種目」別に仕切りを設けた場合、果たして「バスケットボール学」なるものが成立し得るのか、し得るとすればそれはどのような学問なのか、活発な議論が展開されねばならない。

　バスケットボール競技の研究が学問[101]としての体裁を整えるためには、バスケットボール競技を対象とした研究のパースペクティブが見通せていなければならない。しかし、バスケットボール競技研究に

まつわる学問体系を整理する試みはこれまで活発ではなかった。

立花隆は学問体系を知る手法のひとつとして、関連分野の「学問史」の把握をあげている。学問の成り立ち（＝学問史）を紐解くことが、当該学問の現状の姿そのもの（＝学問体系）を知ることに連なるというのである[102]。

学問史的な視点から見れば、日本にバスケットボール競技が渡来してからというもの、その時々の有識者たちが当該運動競技をどのように研究してきたのか、その解明が求められるところである。かつて、スポーツの科学的な研究について「分化と総合」が問題にされたことがあったが[103]、日本のバスケットボール競技研究が「総合」的な見通しを得るためには、まずは当該研究分野が多様に「分化」していった過程をスポーツ科学の学問史上に位置付けながら捉えることが当を得た手法であると考える。そのためには、バスケットボール競技研究全般を巨視的に見渡す総合的な学問史が素描されるべきであろう[104]。

この視点から取り組まれた学問史の研究として拙論[105]が挙げられるが、その考察の対象期間は1964（昭和39）年までを画期としているため、それ以降に行われた膨大な量のバスケットボール競技研究は未整理のままである。また、例えば「バスケットボール競技の技術指導の研究概史」や「バスケットボール競技に関する生理学的研究の学説史」といった個別の専門分野に分け入った研究など、この領域にはまだ検討の余地が十分に残されている。

＜注記及び引用・参考文献＞

1）Naismith, J. (1941) Basketball: It's origin and development. Association Press.
2）松浦政泰（1905）女子遊戯 バスケット，ボール（籠遊戯）．女学世界，5（12）：161-166.
3）鈴木重武（1928）籠球コーチ．矢來書房，pp.1-5.
4）安川伊三（1929）籠球競技法．目黒書店，pp.1-5.
5）小高吉三郎（1930）ラグビー・ホッケー・蹴球・籠球・排球．朝日新聞社，pp.181-184.

1. バスケットボール競技史研究の対象と領域

6）宮田覚造・折本寅太郎（1935）籠球競技の指導．日本体育学会，pp.1-11.

7）編纂委員会（1931）本邦籠球成長史抄．籠球，（1）：90-93.

8）廣瀬謙三（1932）籠球の発達を省みて．籠球，（3）：66-70.

9）李想白（1930）指導籠球の理論と実際．春陽堂，pp.1-24.

10）李想白（1930）指導籠球の理論と実際．春陽堂，p.1.

11）谷釜尋徳（2015）バスケットボールの技術史研究に関する一考察：日本を対象とした研究の場合．バスケットボール研究，（1）：87-98.／小谷究（2017）歴史学．内山治樹・小谷究編著，バスケットボール学入門．流通経済大学出版会，pp.217-226.

12）ここでいう「バスケットボール学」とは、バスケットボール競技を対象とする個別研究の寄せ集めではなく、総合科学として捉えていこうとする意味合いが込められている。したがって、今ここで仮に、この暫定的な学問名称に英訳を当てはめてみるならば、"Basketball Science" などと単数で表記することになろう。「バスケットボール学」の構築に向けては、以下を参考にされたい。
内山治樹・小谷究編著（2017）バスケットボール学入門．流通経済大学出版会.／内山治樹（2017）バスケットボール学における「知」の射程：「感覚・知覚」から「理性・思惟」による「認識」へ．日本バスケットボール学会第4回大会基調講演発表資料.

13）内山治樹・小谷究編著（2017）バスケットボール学入門．流通経済大学出版会.

14）岸野雄三（1957）歴史的研究法．日本体育学会編，体育学研究法．体育の科学社，pp.351-386.／木下秀明（1972）日本体育史研究法．前川峯雄編，現代体育学研究法．大修館書店，pp.438-448.／成田十次郎（1972）外国体育史研究法．前川峯雄編，現代体育学研究法．大修館書店，pp.448-458.／岸野雄三（1973）体育史：体育史学への試論．大修館書店.／岸野雄三（1984）体育史の研究領域と時代区分．体育史講義．大修館書店，pp.2-13.／岸野雄三（1988）スポーツ史研究の現状と課題．スポーツ史研究，（1）：1-8.／稲垣正浩・谷釜了正（1995）スポーツ史研究法．稲垣正浩・谷釜了正編著，スポーツ史講義．大修館書店，p.1-33.／岸野雄三（1997）転換期を迎えたスポーツ史の研究．スポーツ史研究，（10）：1-12.／楠戸一彦（2013）スポーツ史研究の方法論的前提．ドイツ中世スポーツ史研究．渓水社，pp.3-46.／Dave, D. and Wray, V.（2015）Sports History Methodology: Old and New. The International Journal of the History of Sport, 32（15）：1715-1724.／木下秀明（2017）わたしの研究法：「陸軍戸山学校長賀陽宮恒憲王の学徒視閲について」を例に．スポーツ史学会30周年記念誌．スポーツ史学会，pp.35-47.

15）稲垣正浩（1987）スポーツ史学．岸野雄三編，最新スポーツ大事典．大修館書店，p.582.

16）内山治樹（2009）バスケットボールの競技特性に関する一考察：運動形態に着目した差異論的アプローチ．体育学研究，54（1）：38.

17）岩村忍（1972）歴史とは何か．中央公論社，p.55.

18) 関連の記述をいくつか例示すると、堀米による「将来への決断のために、われわれは過去に問いかける」（堀米庸三（1964）歴史をみる眼．日本放送出版協会，p.61）、渓内による「過去への関心は、未来への関心ないし不安の一面です」（渓内謙（1995）現代史を学ぶ．岩波書店，p.16.），福井による「過去を問うことは、じつはその根において現在を問うことにつながっているのである」（福井憲彦（2006）歴史学入門．岩波書店，p.11），三谷による「歴史の研究も、今を生きる我々に豊かで示唆的な知識を提供できない限りは、結局は無意味である」（三谷博（2006）読者に過去が届くまで．東京大学教養学部歴史学部会編，史料学入門．岩波書店，p.5）といった諸見解をあげることができる。また、スポーツ史研究の分野においては、稲垣が「スポーツ史とは、スポーツ文化の『現在』を知ることであり、そのための重要な手がかりを提供する学問分野の一つである」（稲垣正浩（1995）スポーツ史とはなにか．スポーツ史講義．大修館書店，p.3）と言及している。

19) マイネル：金子明友訳（1981）スポーツ運動学．大修館書店，p.261.

20) 金子明友（1968）運動技術論．岸野雄三・松田岩男・宇土正彦編著，序説運動学．大修館書店，p.109.

21) 金子によると「鋳型化」とは次のような運動認識を意味しているという。「鋳型化とは、字義通りに動きかたを鋳型にはめ込むように変形させる営みが意味されています。指導者が学習者に動き方を教えるときに、あらかじめ規定された動きかたの鋳型を設定しておいて、それに強制的にはめ込んでいくという運動指導上の考え方がそこに伏在しているのです」（金子明友（2007）身体知の構造：構造分析論講義．明和出版，p.110）

22) 朝岡正雄（1999）スポーツ運動学序説．不昧堂出版，p.197.

23) 吉井四郎（1986）バスケットボール指導全書1：コーチングの理論と実際．大修館書店，p.193.

24) 金子明友（1974）体操競技のコーチング．大修館書店，p.238.

25) 谷釜尋徳（2008）日本におけるバスケットボールの専用球の改良とそれに伴うドリブル技術の発達に関する技術史的考察．スポーツ運動学研究，(21)：45-59.

26) 吉井四郎（1986）バスケットボール指導全書1：コーチングの理論と実際．大修館書店，p.238.

27) 吉井四郎（1986）バスケットボール指導全書1：コーチングの理論と実際．大修館書店，p.238.

28) 吉井四郎（1986）バスケットボール指導全書1：コーチングの理論と実際．大修館書店，p.35.

29) 朝岡正雄（1999）スポーツ運動学序説．不昧堂出版，p.196.

30) 岸野雄三（1968）運動学の対象と研究領域．岸野雄三・松田岩男・宇土正彦編著，序説運動学．大修館書店，p.23.

31) 稲垣安二（1989）球技の戦術体系序説．梓出版社，pp.49-50.

32) 朝岡正雄（1990）運動学用語解説．金子明友・朝岡正雄編著，運動学講義．大

1．バスケットボール競技史研究の対象と領域

修館書店，p.275.

33）吉井四郎（1986）バスケットボール指導全書1：コーチングの理論と実際．大修館書店，p.238.

34）瀧井敏郎（1990）戦術の運動学的認識．金子明友・朝岡正雄編著，運動学講義．大修館書店，pp.76-84／吉井四郎（1968）バスケットボールのトレーニング．猪飼道夫ほか編著，種目別現代トレーニング法．大修館書店，p.546.

35）稲垣正浩（1995）スポーツの後近代．三省堂，pp.4-13.

36）堀米庸三（1964）歴史をみる眼．日本放送出版協会，p.100.

37）山本博文（2013）歴史をつかむ技法．新潮社，p.91.

38）中房敏朗（2015）サッカーの技術史・戦術史研究のアポリア．スポーツ技術・戦術史の現状と課題：スポーツ史学会第28回大会特別講演・シンポジウム報告書．スポーツ史学会第28回大会組織委員会，p.58.

39）中房敏朗（2015）サッカーの技術史・戦術史研究のアポリア．スポーツ技術・戦術史の現状と課題：スポーツ史学会第28回大会特別講演・シンポジウム報告書．スポーツ史学会第28回大会組織委員会，p.59.

40）會田宏（1994）ボールゲームにおける戦術の発達に関する研究．スポーツ運動学研究，（7）：26.

41）渓内謙（1995）現代史を学ぶ．岩波書店，p.141.

42）岸野雄三（1977）スポーツ科学とは何か．朝比奈一男・水野忠文・岸野雄三編著，スポーツの科学的原理．大修館書店，p.99.

43）稲垣正浩（1995）スポーツ史研究の対象と領域．稲垣正浩・谷釜了正編著，スポーツ史講義．大修館書店，p.13.

44）Naismith, J.（1941）Basketball: It's origin and development. Association Press.

45）ネイスミス：水谷豊訳（1980）バスケットボール：その起源と発展．日本YMCA出版部．

46）日本バスケットボール協会広報部会編（1981）バスケットボールの歩み：日本バスケットボール協会50年史．日本バスケットボール協会．

47）藤田修一（1977）新潟県バスケットボール史（戦前篇）．藤田修一．

48）柏葉会編（1981）一高籠球部史．柏葉会．

49）福井憲彦（2006）歴史学入門．岩波書店，p.6.

50）日本体育協会編（1958）スポーツ八十年史．日本体育協会，p.283.／日本バスケットボール協会編（1981）バスケットボールの歩み：日本バスケットボール協会50年史．日本バスケットボール協会，p.42.／水谷豊（2011）バスケットボール物語．大修館書店，p.105.

51）斉藤実（1980）東京キリスト教青年会百年史．東京キリスト教青年会，p.145.

52）興水はる海（1968）女子バスケットボールに関する研究（2）．お茶の水女子大学人文学紀要，（31）：92.

53）日本バスケットボール協会編（1981）バスケットボールの歩み：日本バスケットボール協会50年史．日本バスケットボール協会，p.43／水谷豊（2011）バス

ケットボール物語．大修館書店，p.116.

54）岩村忍（1972）歴史とは何か．中央公論社，p.55.

55）岸野雄三（1973）体育史：体育史学への試論．大修館書店，p.83.

56）岸野雄三（1972）スポーツの技術史序説．岸野雄三・多和健雄編，スポーツの技術史．大修館書店，p.24.

57）金子明友（1968）運動技術論．岸野雄三・松田岩男・宇土正彦編著，序説運動学．大修館書店，p.107.

58）このことを簡潔に説明した佐藤の見解を以下に引いておきたい。
「課題達成に成果を上げた個人技術は、他の選手たちにもその成果が試され、有効性が検証されると、一般妥当的な運動技術と認められるようになる。つまり、他の選手たちが動きの模倣を試みる中で、課題達成にとって重要な動きだけを抽出し、非本質的な動きを排除していく作業を経て、1つの動きのかたちが確認されるようになる（技術の伝播）。これが指導の対象となる動きの原型となり、誰にでも適用可能な動き方の図式化が行われる（図式技術の定立）」（佐藤徹（2015）スポーツにおける技術．中村敏雄ほか編，21世紀スポーツ大事典．大修館書店，p.473）
上記引用文中の「図式技術」とは、金子によって次のように説明されている。「〈図式技術〉とは、私一般の運動形態としての技術、別言すれば、現時点でだれもが『そう動きたい』という目標像になる超越論的な動感身体知としての間動感性をもつ公共的技術なのです」（金子明友（2005）身体知の形成（上）．明和出版，p.224）

59）Sharman, B.（1965）Sharman on basketball shooting. Prentice Hall, pp.64-65.／Hollander, Z.（1973）Madison Square Garden. Hawthorne, p.76. ／吉井四郎（1977）バスケットボールのコーチング：基礎技術編．大修館書店，pp.30-34.／吉井四郎（1986）バスケットボール指導全書1：コーチングの理論と実際．大修館書店，pp.192-195.／レイダー：平井肇訳（1987）スペクテイタースポーツ．大修館書店，p.136.

60）Bliss（1929）Basketball. Lea & Febiger, p.72.

61）Winter, T.（1962）The triple-post offense. Prentice Hall, p.180／Sharman, B.（1965）Sharman on basketball shooting. Prentice Hall, pp.64-65.

62）Sharman, B.（1965）Sharman on basketball shooting. Prentice Hall, pp.64-65／Hollander, Z.（1973）Madison Square Garden. Hawthorne, p.76.

63）谷釜尋徳・佐野昌行（2010）1920～40年代のアメリカにおけるバスケットボールのショット技術の変遷：中距離からのワンハンド・ショットの普及まで．スポーツ健康科学紀要，（7）：29-30.

64）朝岡正雄（1999）スポーツ運動学序説．不昧堂出版，p.193.

65）マイネル：金子明友訳（1981）スポーツ運動学．大修館書店，p.106.／金子明友（2009）スポーツ運動学：身体知の分析論．明和出版，p.148.

66）日本バスケットボール協会編（2002）バスケットボール指導教本．大修館書店，

1. バスケットボール競技史研究の対象と領域

p.109.

67) 谷釜尋徳（2010）大正期～昭和前半期の日本におけるバスケットボールのシュート技術の変遷：中・長距離からのワンハンド・シュートの受容過程．体育学研究，55（1）：1-16.

68) 二杉茂（2003）バスケットボールにおけるワンハンドショットの社会史的研究．神戸学院大学人文学部紀要，（23）：103-129./二杉茂（2009）ワンハンドショットのメッセンジャーたち：バスケットボールにおける社会史的研究．晃洋書房．

69) 中房敏朗（2015）サッカーの技術史・戦術史研究のアポリア．スポーツ技術・戦術史の現状と課題：スポーツ史学会第28回大会特別講演・シンポジウム報告書．スポーツ史学会第28回大会組織委員会，p.59.

70) シュティーラー：谷釜了正・稲垣安二訳（1980）ギュンター・シュティーラーの「球技戦術論」1～6．新体育，50（6）～50（12）./デーブラー：谷釜了正訳（1985）球技運動学．不昧堂出版./瀧井敏郎（1990）戦術の運動学的認識．金子明友・朝岡正雄編著，運動学講義．大修館書店，pp.76-87./シュテーラー・コンツァック・デブラー：唐木國彦・長谷川裕・谷釜了正・佐藤靖訳（1993）ボールゲーム指導事典．大修館書店./ケルン：朝岡正雄訳（1998）スポーツの戦術入門．大修館書店./會田宏（2012）球技における個人戦術に関する実践知の理解の仕方．スポーツ運動学研究，（25）：17-28. など

71) 岸野雄三（1973）体育史：体育史学への試論．大修館書店，p.86.

72) 吉井四郎（1968）バスケットボールのトレーニング．猪飼道夫ほか編，種目別現代トレーニング法．大修館書店，pp.516-519.

73) 吉井四郎（1968）バスケットボールのトレーニング．猪飼道夫ほか編，種目別現代トレーニング法．大修館書店，pp.515-519.

74) 古川幸慶（1965）バスケットボール．東京オリンピックスポーツ科学研究報告．日本体育協会，p.245.

75) 内山治樹・加藤敏弘（1985）日本におけるバスケットボール研究の動向に関する一考察．埼玉大学紀要 教育学部 教育科学，34（3）：107.

76) 内山治樹・加藤敏弘（1985）日本におけるバスケットボール研究の動向に関する一考察．埼玉大学紀要 教育学部 教育科学，34（3）：107-123.

77) 馬場哲雄・石川悦子（1982）日本女子大学の運動会史．日本女子大学体育研究室

78) 開発社編（1913）学校体操教授要目：文部省制定．開発社，p.15.

79) 竹之下休蔵・岸野雄三（1959）近代日本学校体育史．東洋館出版社．

80) 内山治樹・加藤敏弘（1985）日本におけるバスケットボール研究の動向に関する一考察．埼玉大学紀要 教育学部 教育科学，34（3）：111.

81) 普及委員会（1965）競技力向上と底辺の拡充に．バスケットボール，（68）：21-24.

82) ミニバスケットボール普及委員会（1968）MINI-BASKETBALL．バスケットボール，（83）：32-37.

33

83) 内山治樹（2007）有能なコーチとなるには何が必要か：コーチ論序説．現代スポーツ評論，（17）：42.

84) 想白生（1935）コーチの類型と進化．籠球研究，（7）：1-3.

85) 岸野雄三（1972）体育史．大修館書店，p.90.

86) 岸野雄三（1972）スポーツの技術史序説．岸野雄三・多和健雄編，スポーツの技術史．大修館書店，p.26.

87) 谷釜尋徳（2008）日本におけるバスケットボールの専用球の改良とそれに伴うドリブル技術の発達に関する技術史的考察．スポーツ運動学研究，（21）：45-59.

88) 谷釜尋徳（2009）日本におけるバスケットボールの競技場に関する史的考察：大正期〜昭和20年代の屋外コートの実際に着目して．スポーツ健康科学紀要，（6）：21-38.

89) 岸野雄三（1972）スポーツの技術史序説．岸野雄三・多和健雄編，スポーツの技術史．大修館書店，p.26.

90) 金子明友（1974）体操競技のコーチング．大修館書店，p.223.

91) 岸野雄三・成田十次郎・山本徳郎・稲垣正浩編（1979）体育・スポーツ人物思想史．不昧堂出版．

92) 岸野雄三（1979）体育人物思想史序説．岸野雄三ほか編，体育・スポーツ人物思想史．不昧堂出版，p.17.

93) 水谷豊（1982）バスケットボールの歴史に関する一考察8：大森兵蔵略伝．青山学院大学一般教育部会論集，（23）：177-190.

94) 水谷豊（1983）バスケットボールの歴史に関する一考察9：佐藤金一略伝．青山学院大学一般教育部会論集，（24）：265-278.

95) 水谷豊（1985）バスケットボールの歴史に関する一考察（Ⅹ）：宮田守衛略伝．上越教育大学研究紀要，（4）：309-327.

96) 及川佑介（2008）李想白の小論「コーチの類型と進化」（昭和10年）に関する一考察．国士舘大学体育研究所報，（27）：69-78．／及川佑介（2010）オリンピック大会をめぐる李想白の動向：バスケットボールの正式種目決定について．国士舘大学体育研究所報，（29）：101-105.

97) 及川佑介（2007）松本幸雄『籠球研究』（昭和9年〜昭和11年）に関する一考察．体育史研究，（24）：1-13.

98) 及川佑介（2012）昭和初期における土肥一雄とバスケットボールとの関係．国士舘大学体育研究所報，（30）：119-124.

99) 水谷豊（2017）加藤廣志監督にバスケットボールを手ほどきした女性教師：桂田サキ略伝．バスケットボール研究，（3）：31-41.

100) 岸野雄三（1973）体育史：体育史学への試論．大修館書店，p.96.

101) ここでいう「学問」とは，「一定の理論に基づいて体系化された知識と方法」（新村出編（2008）学問．広辞苑 第六版．岩波書店，p.503）のことを指す．

102) 立花隆（1999）ぼくはこんな本を読んできた．文藝春秋，p.77.

103) 体育原理研究会編（1972）体育学研究の分化と総合．不昧堂出版．

1．バスケットボール競技史研究の対象と領域

104）スポーツ科学の研究史に関連して、岸野の次の見解を引いておきたい。
「学説史の研究が分化すればするほど、それは後学の研究者に示唆するところも
大きいが、それだけに、この面の研究には専門知識を必要とし、専門研究者で
ないと学説史の研究も困難になるといった特殊事情も生じてくる。しかし研究
史は専門的に分化すると同時に、巨視的な側面からも研究され、学問史上に位
置づけることも必要になってくる。したがって、今日われわれの試みる学説史
的研究も、その研究の分化と対比的に総合的考察も必要となってくる」（岸野雄
三（1973）体育史：体育史学への試論．大修館書店，p.103）

105）谷釜尋徳（2016）近代日本におけるバスケットボール研究の発展史：学問体系
把握に向けた一試論．バスケットボール研究，（2）：41-53．／谷釜尋徳（2017）
日本におけるバスケットボール研究の歴史：バスケットボールの受容からオリ
ンピック東京大会まで（1894〜1964）．内山治樹・小谷究編著，バスケットボー
ル学入門．流通経済大学，pp.1-33.

2. テーマ設定

（執筆責任者：及川佑介）

　以下では、研究テーマを設定するための手順やヒントについて、バスケットボール競技史の具体的な例を挙げながら説明して行く。これは、一例に過ぎないので、参考までにしてほしいと考えている。

2−1　基礎知識の整理

①協会や学校の記念誌の利用について

　研究対象として考えようとしていることの基礎知識を整理する必要がある。はじめから深い知識があるとは限らないため、俯瞰しながら時代の流れの中で、バスケットボール競技史が如何に歩んできたのかを捉える。この段階では、日本バスケットボール協会[1]や都道府県協会、各学校[2]などから出版された記念誌が参考として使い易いと考える。こうした記念誌には、その組織の創設や大会の記録、回顧録、バスケットボール競技史の年表など掲載されていることがあり、幅広い知識を得ることが出来る。ただし、記念誌での回顧録は、史料に基づいて記しているとは限らないことから年代等が間違っている場合が考えられる。従って、複数の史料を照らし合わせながらみていくことが良いといえる。

　上記したように、記念誌には組織の創設について記されていることが多く見受けられる。そこには、組織が創られる経緯、組織の方針、関係していた人物などが記されている。新しく組織が創られることや新しく何かを導入すること、そして、何かが変わることには、大きなエネル

ギーを必要とするため、バスケットボール競技史を扱う上で、テーマと
して設定し得るヒントが潜んでいると考えられる。

　例えば、日本バスケットボール協会の設立50周年史の『バスケット
ボールの歩み』（1981）では、1930（昭和5）年の大日本バスケットボー
ル協会の設立時に、大正期からバスケットボール競技界の運営を行って
きた大日本体育協会から強引に独立する様子が記されている[3]。大日本
バスケットボール協会の設立会議に、大日本体育協会の薬師寺尊正は、
招待されていないにも関わらず、会場に現れたが、議長から退場を促さ
れ、他方から助言があった上で、退室したという一幕があった。そして、
会議の結果、満場一致で大日本バスケットボール協会が設立され、直ち
に別室に控えていた新聞記者に伝え、翌日には新聞紙面に掲載されてい
る。

　しかし、この協会の設立について、後に東京都バスケットボール協会
理事長を務めた畑龍雄は、「私が高校生だった頃、昭和の初めだが、日
本バスケットボール協会が設立されたと発表されたとき、何で東京近
くの幾つかの大学の OB だけで、日本を名のることが出来るのか、図々
しいにも程があるという感想を持ったことがある。」[4]と当時のことを述
べている。大日本バスケットボール協会は、早稲田大学、立教大学、明
治大学、東京商業大学、東京帝国大学の出身者、計9名の若者が発起
人となり[5]、前体制に反発する形で設立したので、畑龍雄がいうように、
「図々しいにも程がある」と世間一般は評していたと思われる。

　この大日本バスケットボール協会の設立だけを取り上げても、組織の
動きや人の感情が伝わってくるような出来事であり、なぜ大日本体育協
会に反発するような形をとったのか？　なぜ東京の大学出身者だけで創
られたのか？　協会設立の発起人になった人物はどのような人物なの
か？　などという疑問が出てくる。こうした疑問が、研究テーマを設定
するためのヒントになると考えている。

　ただし、大日本バスケットボール協会の記念誌には協会が設立した
1930（昭和5）年以降のことが記され、各学校の記念誌では、大正末期

38

あたりのことから記されているため、それ以前の時期を対象とする場合
は、別の史料で情報を集めなければならない。

②新聞、雑誌史料の利用について

　上記では、バスケットボール競技史を俯瞰してみて行く時の一手段と
して、協会の記念誌や各学校から出版されている記念誌を取り上げて、
1930（昭和 5 ）年の大日本バスケットボール協会の設立を例にして説明
した。研究テーマを設定するために、幅広い情報を得る作業とともに、
少しずつ深めていく作業が必要である。

　大日本バスケットボール協会の設立について、別室に新聞記者を控え
させて、直ちに新聞で発表したが、それを計画したのは、設立発起人の
李想白であったといわれている。このように、協会などのスポーツ団体
と新聞社とは関係があり、新聞記事を利用して公表していることが多く
見受けられる。その記事の内容には、大日本バスケットボール協会の方
針等も記されてあった。

　次に機関誌や雑誌についてである。1931（昭和 6 ）年から1942（昭和
17）年まで、大日本バスケットボール協会は、機関誌『籠球』を出版し
ている。『籠球』の発行は、全国にある各支部との統制をとることや情
報共有すること、競技力を向上させることなどが目的であったと考え
られる。大日本バスケットボール協会の理事を務めた李想白は、『籠球』
で計43回の執筆（座談会を含む）をして、積極的に情報を発信していた。
李想白やバスケットボール競技関係者の雑誌での執筆は、大日本体育協
会の『アスレチックス』[6]（大正11年～昭和 7 年）、『オリムピック』（昭和
8 年～）等でも見受けられ、多くの情報が掲載されている。

2－2　研究テーマの絞り込みから決定へ

①研究テーマの絞り込み－技術史研究を例として－

　ある程度の基礎知識の整理が出来たら、研究テーマの絞り込みをして行く。バスケットボール競技史の何に焦点化するのかを考えなければならない。例えば、協会や学校などの組織について、人物について、技術や戦術について、施設や用具について、女学校等の遊戯的なバスケットボール競技について、競技規則について、史料についてなどである。

　近年、体育史、スポーツ史の研究で、競技史・種目史がバスケットボール競技、サッカー、スキー、ホッケー、野球など、多く取り上げられるようになり、競技史・種目史で博士学位論文を取得する者が出てきている。その中には、自身がその競技を経験してきた研究者がいて、競技的感覚がありながら研究を進めている者もいる。競技の経験やその感覚は、史実をみて行く時に、邪魔をすることもあるかもしれないが、現在と過去を見比べる作業や研究を深化させるために、役立つことも考えられる。そうした経験者が、競技史・種目史の研究を行う時に、技術や戦術を扱う技術史研究が入り易いことなのかもしれない。従って、以下では、バスケットボール競技における技術史研究についてはじめに触れたいと思う。

　1972（昭和47）年に岸野雄三らは、『スポーツの技術史』（大修館書店）を出版して、近代スポーツの発展を、技術史的な観点から種目別に考慮することで、技術史研究の必要性を訴えたように思える。しかし、それから約30年間、技術史研究が学会のジャーナルで掲載されることはほとんどなかった。つまり、岸野雄三らの技術史研究への思いは、すぐには実現せず、約30年後に形になりはじめ、現在に至ったと考えられる。

　岸野雄三らが『スポーツの技術史』を著わしてから約30年間、技術史研究はなぜ進んでいなかったのであろうか。その一要因には、技術や戦術の変化を論じるのに、史料での限界があるからだと考える。しかも、日本にとってバスケットボール競技は外来スポーツであることから、日

本のことなのか、アメリカのことなのかがわかり難い記述も見受けられる。だからこそ、研究テーマを技術史研究で考える時に、取り扱う範囲の設定をする必要があるといえる。それは、対象とする時期の設定、史料の限定、対象とする年齢や性別、競技力などである。

②時期の設定とその対象

　周知の通り、日本には1894（明治34）年に成瀬仁蔵が梅花女学校にバスケットボール競技を伝え、はじめは女学校等に教材として普及しはじめ、遊戯的にバスケットボール競技が行われていた。一方、1908（明治41）年に大森兵蔵によって、本格的なバスケットボール競技が東京YMCAに伝えられた。大正期に入ると極東選手権競技・東京芝浦大会1917（大正6）年に出場するなど、対抗（校）競技が行われるようになり、大正末期には大学にバスケットボールチームが作られ、バスケットボール競技が広く伝わって行った。そして、1930（昭和5）年に大日本バスケットボール協会が設立したことで、競技化が加速し、1936（昭和11）年には、第11回オリンピック競技大会（ベルリン）に出場した。その後、戦争の影響で一時的に停滞することにはなるが、戦後、支部毎に活動が再開され、全国的に普及していくことになる。

　以上のことから、女学校等の遊戯的なバスケットボール競技を扱うのか、YMCAに伝わった本格的なバスケットボール競技を扱うのか、YMCAから大学に移った時期を扱うのか、大日本バスケットボール協会が設立して競技化が加速していった時期を扱うのかなど、時期を設定することで多様なテーマの設定を考えることが出来る。

③女学校等の遊戯的なバスケットボール競技と競技規則について

　女学校等の遊戯的なバスケットボール競技は、昭和期に入り、姿を消していったといわれているため、このことを研究対象とする場合、時期は明治期から大正末期が範囲になるといえる。

　バスケットボール競技は運動量が多く、激しい動きをすることから、

41

女子が行うには適さないといわれたことから成瀬仁蔵は競技規則を変えて女学校で伝えている。だから、後に成瀬仁蔵が伝えた日本女子大学校での当時の運動会プログラムには、「日本式バスケットボール」と記されている。

　これまでの書籍等では、成瀬仁蔵が日本にはじめてバスケットボール競技を伝えたとする1894（明治34）年と大森兵蔵がはじめて伝えたとする1908（明治41）年で書かれたものが存在するが、最近では、成瀬仁蔵が伝えたものは、日本式として競技規則が変えられていたとしても、「バスケットボール」という言葉は使用していること、参考にしたバスケットボール競技は発祥の地のアメリカであったことなどから、彼が伝えた1894（明治34）年が日本のバスケットボール競技史のはじまりであるとみることが一般的となっている。

　明治期に女学校等で行われたバスケットボール競技の競技規則を取り上げる時に、著しく異なる点としてディビジョンラインの採用がある。これは、コート内にディビジョンラインを設け、コートを3等分や4等分することで、コート間の行き来をなくして運動量を減少させた競技規則である。この運動量と関係があるのが、服装である。服装については運動量だけでなく、女性らしさという観点も入っているようである。

　女学校等のバスケットボール競技を研究テーマの対象とした場合、上記のことを含め、例えば、成瀬仁蔵が伝えたバスケットボール競技が競技規則を変えたように、他の学校でも同様のことがあったのではないか？　梅花女学校ではじめてバスケットボール競技が伝わったといわれているがそれは本当か？　バスケットボール競技は学校教材としてどのように行われていたのか？　どのような人物がバスケットボール競技を指導していたのか？　競技的なバスケットボール競技が女学校にどのように入っていったのか？　など、様々なことが考えられる。また、女学校を対象とした時に限らず、競技規則の変化は技術の変化と密接に関係することから技術史研究でも取り上げられ、それは、施設や用具の変化にも関係してくる。

2. テーマ設定

④施設や用具について

　バスケットボール競技史研究で、施設や用具を研究対象としているのは、決して多いとはいえない。施設や用具を研究対象とする場合、そこに、技術の変化や競技規則の変化と重ねて論じられていることがある。例えば、ボールの変化と技術との関係である。大正末期から昭和初期にかけてボールの性能は上がっているといわれている。初期のボールは、空気の入れ具合によってボールの飛び方や跳ね方が安定しなかったが、昭和初期にはボールの縫い目のないシームレスボールやゴムボールが発売され、ドリブル技術やシュート技術に関係したと考えられている。

　また、体育館の普及と競技規則の関係も考えられる。アメリカで室内競技として考案されたバスケットボール競技は、日本では昭和初期まで主に屋外で行われていた。バスケットボール競技がはじめてオリンピック種目となった1936（昭和11）年の第11回オリンピック競技大会（ベルリン）でも、バスケットボール競技は屋外で行われている。明治期から昭和初期にかけて、日本では講堂でバスケットボール競技を行った記録はあるが、ほどんどが屋外で行われていた。

　日本における体育館の普及状況についてのデータは現在のところみつかってはいないが、競技規則から体育館の普及状況を推測することが出来る。それは、大正期から昭和期のバスケットボール競技の競技規則を追っていくと、1918（大正7）年から1954（昭和29）年までは、コートの大きさは縦18.2m〜27.4m、横10.6m〜15.2m（1918（大正7）年〜1926（大正15）年の競技規則）というように、コートの規格に幅を持たせていた。つまり、コートの規格に幅を持たせなければ、競技を成立させることが出来ない体育館の事情があったと考えられる。

　理想的な体育館を建設出来ず、体育館の普及が思うように進まないことから、大正期から昭和初期にかけて、数は多くないが屋外の板張りコートが造られている。これは、1917（大正6）年に第3回極東選手権競技・東京芝浦大会や1933（昭和8）年の明治神宮外苑の相撲場などでみられる。板張りコートの誕生は、屋外に板を敷いたことで、体育館に

43

近い感覚でバスケットボール競技が出来ただけでなく、多くの観衆を集めることが出来たのであった。

　以上のように、施設や用具の変化は、競技規則や技術、観衆との関係など、様々なことに重ねてみることが出来る。

⑤人物について

　バスケットボール競技史研究では、人物史もいくつか取り上げられている。例えば、日本にバスケットボール競技を伝えた人物として成瀬仁蔵や大森兵蔵、はじめてバスケットボール競技を行った人物である石川源三郎、大日本バスケットボール協会を設立した李想白などである。人物史を扱うにあたり、その事実を明らかにして行くことはもちろんであるが、その人物から何をみて行くのかがポイントになると考える。上記に例として挙げた四名は、史実を重ねてみて行くことが出来、成瀬仁蔵には女子競技や遊戯としてのバスケットボール競技など、大森兵蔵にはYMCAでのバスケットボール競技や国際大会への参加など、石川源三郎はバスケットボール競技の創案者 J. ネイスミスについてなど、李想白は技術・戦術の導入やオリンピック正式種目としてバスケットボール競技種目の採用に関する活動などである。

　このように、人物史研究を通して組織史や技術史、遊戯史などを別の角度から捉えることで深化させることが出来ると考える。さらに、バスケットボール競技史における人物史研究では、歴史の大きな流れの中でみえてくる人物の他、地方史に焦点化して、一個人から大日本バスケットボール協会などの大きなものをみることで、バスケットボール競技史を再検討する研究も現れてきている。

　E.H. カーの『歴史とは何か』（岩波新書）では、歴史の見方について触れられていて、これまで語られてきた大きな歴史を疑い、一つひとつの事実、つまり、小さな歴史を追求することの必要性を述べているように思える[7]。

　以上のことから、バスケットボール競技史における人物史研究をテー

マ設定した場合、新しい知見を得る手掛かりに成り得ると考える。

⑥先行研究の検討から研究テーマの決定へ

　バスケットボール競技史に関係する基礎知識の整理を行い、研究テーマを絞り込んだならば、先行研究の検討をして最終的に研究テーマを定める作業に入る。バスケットボール競技史の研究には、海外のことを研究しているものがある。海外の研究をしている場合、国内のバスケットボール競技史を意識した上で海外のバスケットボール競技史を論じていると考えられるため、自らが国内の研究テーマであったとしても、先行研究の検討は海外を対象とした研究も丁寧に行わなければならない。

　そして、先行研究はどの年代の何を軸に論じているのか？　論じている背景には何があり、何が関係しているのか？　というような視点で、整理して行くことが大切であると考える。そうした作業を通して、研究テーマを定めて行き、本格的な史料の収集をはじめ、研究テーマと集めた史料との兼ね合いを考えて、最終的な研究テーマを決定することになる。

<注記及び引用・参考文献>
1 ）日本バスケットボール協会『バスケットボールの歩み』（1981）は代表的な書籍である。
2 ）立教大学籠球部『籠球部創立十周年記念立教大学籠球部部報』（1931）や慶応義塾バスケットボール三田会『慶応義塾体育会バスケットボール部50年史』（1980）、早稲田大学バスケットボール部60周年記念誌『RDR60』（1983）など、各学校・部活動から書籍が発行されている。
3 ）日本バスケットボール協会編（1981）『バスケットボールの歩み』日本バスケットボール協会.
4 ）東京都バスケットボール協会（2003）東京都バスケットボール協会創立五十五周年記念誌. 東京都バスケットボール協会，p.21.
5 ）「朝日新聞（東京）」1930.10.2.
6 ）1933（昭和 8 ）年から大日本体育協会は、『アスレチックス』を『オリムピック』と改題している。（大日本体育協会編（1933）オリムピック. 11 （1）：148）
7 ）E.H. カー（1962）歴史とは何か. 岩波新書，p.9.

3．先行研究の検討

(執筆責任者：小谷究)

3－1　先行研究の検索

　研究のおおまかなテーマが決定すると、次に、自身のテーマ及びテーマに近い論文や書籍等を収集し、検討する。他の競技種目史と比較してバスケットボール競技史の論文は多い。バスケットボール競技史の論文は、主に日本学術会議に登録されている学術研究団体の機関誌に掲載されている。主な機関誌としては表1のものがあげられる。

表1　主な機関誌

機関誌名	機関名
バスケットボール研究	日本バスケットボール学会
体育学研究	日本体育学会
スポーツ史研究	スポーツ史学会
体育史研究	体育史学会
東北アジア体育・スポーツ史研究	東北アジア体育・スポーツ史学会
身体運動文化研究	身体運動文化学会
スポーツ運動学研究	スポーツ運動学会
運動とスポーツの科学	日本運動・スポーツ科学学会
スポーツ産業学研究	日本スポーツ産業学会
コーチング学研究	日本コーチング学会

また、論文検索サイトで「バスケットボール　史」や「バスケット
ボール　過程」などと検索するとバスケットボール競技史の先行論文を
多く検索することができる。主な論文検索サイトには表2のようなもの
がある。

表2　主な論文検索サイト

サイト名	URL
CiNii	https://ci.nii.ac.jp
J-STAGE	https://www.jstage.jst.go.jp
Google Scholar	https://scholar.google.co.jp

　ただし、論文検索サイトに登録されていない地方学会の学会誌や大学
の紀要があることに注意しなくてはならない。「東京体育学研究」など
にはバスケットボール競技史の論文が掲載されているが、本書発行時に
おいて論文検索サイトには登録されていないようである。また、検索し
た論文のなかで引用されている先行研究があるので、これらも収集する
必要がある。さらに、バスケットボール競技史の先行研究は学会誌や紀
要に掲載されている論文だけでなく、バスケットボール競技の歴史に関
する記述がある書籍や各団体の記念誌も含まれることから、これらも収
集する必要がある。バスケットボール競技の歴史に関する記述がある主
な書籍は付録に掲載した。

3－2　先行研究の検討

　次に、収集した先行研究を検討する。先行研究の検討にあたっては、
研究の目的、自身のテーマとの関係からその研究で何が明らかになり、
何が明らかになっていないのかを明確にすることで、これから取り組も
うとする研究のオリジナリティ（独自性）が担保でき、さらには、これ
から取り組む研究が、従前の研究の蓄積の上に成り立つ研究であること

3. 先行研究の検討

を確認することができる。先行研究の検討について望田は以下のように述べている[1]。

> 歴史学上のどんなテーマにも長い間に集積されてきた研究史があり、そこには複数の異なった学説が立ち並んでいる。私たちは研究するにあたって、この研究史をたずねなければならない。そうでないと新しい考えだと思っても、それはすでに先学が提唱したものであることもあるし、また独りよがりの考えであったりすることがある。

つまり、先行研究の検討によりバスケットボール競技史においてどのような学説が存在するかを把握することができ、研究の具体的なテーマの設定が可能となる。実際には、先行研究を検討することで、従来の研究の到達・不足点を把握し、詳細なテーマの再設定をするといった作業が繰り返されることとなる。

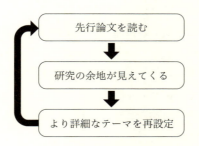

図1　先行研究の検討

さて、先行研究を検討するなかで設定した研究テーマがすでにこれまでのバスケットボール競技史研究において行なわれている場合はテーマを変更しなければならないのだろうか。この点について、芝井は以下のように述べている[2]。

> たいていの研究テーマについて、厚い研究の蓄積があり、広く承認

された通説が成立しているとすれば、これから歴史を学ぶものには何も残されていないように見えるかもしれない。むしろ研究の空白部分に取り組むのが効果的なのではないか。しかし、明らかにこれは、誤った思いこみだ。ある研究テーマについての研究史を整理してみればすぐに分かることだが、歴史の研究とはまさに論争の歴史なのである。広く承認された通説といってみても、個々の史料の異なる読みとり、新しい理論、概念、方法の適用、異なる視点の採用などによって、驚くほど簡単に掘りくずされる場合がある。つまり通説とは、その時点での一般的合意であるにすぎず、将来にわたる正当性を主張できるものでは決してない。むしろ、研究の場面において、常に通説は疑いをかけられ、これに対抗する別の解釈、別の見解によって挑まれているといってよい。したがって原理的には、あらゆる研究テーマが、これから歴史を学ぼうとする人に、等しく開かれているのである。

　先程述べたように、他の競技種目史と比較してバスケットボール競技史研究の論文は多い。しかし、芝井の言葉をかりると、そこであげられている学説は、その時点での一般的合意であるにすぎず、将来にわたる正当性を主張できるものではない。つまり、バスケットボール競技に関するあらゆる研究テーマが、これからバスケットボール競技史を学ぼうとする者に、等しく開かれているといえる。

＜注記及び引用・参考文献＞
1）望田幸男（1991）「記憶する歴史」から「書く歴史」へ，望田幸男，芝井敬司，末川清編、新しい史学概論［新版］. 昭和堂，p.31.
2）芝井敬司（1991）「書く歴史」から「考える歴史」へ，望田幸男，芝井敬司，末川清編、新しい史学概論［新版］. 昭和堂，p.104.

4．史料探索と収集

（執筆責任者：小谷究）

4－1　史料

　先行研究の検討により、具体的なテーマが決まったら、史料を探索し、リストを作成するのであるが、この史料についてジョン・H・アーノルドは以下のように説明している[1]。

　　われわれが知りうるのは、現実に起こっていること、起こったことのごく一部であり、それも知るための媒介となる手がかりや証拠があってこそ、はじめて可能となる。この手がかりや証拠のことを、歴史においては史料という。…歴史の研究においては、史料といえば文献史料、すなわち文字で記された文書類が、過去の世界に接近するために重視されてきたが、歴史への問いが多様化した現在では、文献史料ではない物体、すなわち絵画や地図や道具などの形をもった史料、あるいは土地の形状や景観などもまた、研究上の重要な手がかりや証拠となることもある。

　また、稲垣はスポーツ史に関わる史料について以下のように説明している[2]。

　　中心になるのはなんといっても文献史料である。なかでも専門の単行本、学会誌、紀要、専門誌などは必見のものである。ここからは

51

じまって、一般の歴史、思想・哲学、文化人類学、社会学、宗教学、民俗学等々の文献はもとより、新聞、雑誌、事典（辞典）、全集、カタログ集（博物館、美術館などの）など多彩である。さらにいえば、文献ではないが印刷物という意味で、リーフレット、パンフレット、絵はがき、ポスターなど際限がない。さらに、絵画、スケッチ、手紙、日記、手帳、手書きメモ、文書類などもある。…スポーツにかかわる遺跡、施設、用具、衣類などのような現物で確認可能な史料…など、スポーツ史研究全般の史料となるともはや無限である。

　このことからすると、「バスケットボール競技史の史料」とは、「当時のバスケットボール競技や競技をとりまく事柄を知るための媒介となる手がかりや証拠」といえる。バスケットボール競技史の史料は多様であり、書籍や雑誌、新聞などといった文字史料だけにとどまらない。史料としてボールやシューズといった用具を史料として用いることができる。
　こうした史料は、主に1次史料と2次史料とに分類される。岸野は「第1次的史料（primary source materials）とは、本源的・直接的な原史料であり、第2次的史料とは第1次的史料を拠所として書かれたものである」[3]としている。また、佐藤は「通常、当該の出来事と近い時期に書かれた文書が一次史料とされ、後で歴史家により記述された文書を「二次」史料と呼ぶことが多い。一般的には印刷された刊行物は『二次』史料として扱われ、文書館などに所蔵された手稿やタイプ原稿が一次史料とされる」[4]と述べている。バスケットボール競技は、既に印刷技術が発達していた1891（明治24）年に考案されたことから、刊行物が史料として用いられることが多い。したがって、上記の分類からすると多くの史料が2次史料に分類される。しかし、佐藤は上記の分類に続いて「新聞史や放送史を考えた場合、記者の手書き原稿や放送台本が一次史料であり、印刷された記事や放送された番組は二次史料、あるいは単なる資料だという区別は現実的でない。手書き原稿や放送台本が保存さ

4. 史料探索と収集

表1　バスケットボール競技史研究に関する史料分類

史料分類	媒体	史料の具体例
文献史料	文字	指導書 雑誌記事 新聞記事 記念誌 メモ書き ルールブック スコアブック 大会プログラム カタログや広告のキャッチコピーなど
準文献史料	静止画	指導書の写真やイラスト 雑誌記事の写真やイラスト カタログの広告の写真やイラスト 絵葉書 スナップ写真など
	動画	試合や練習を撮影した VTR など
非文献史料	記憶	インタビュー資料など
	音声	ラジオの実況中継など
	施設・用具（現物）	ボール シューズ ウェア ゴール コートなど

谷釜尋徳（2015）バスケットボールの技術史研究に関する一考察．バスケットボール研究，
（1）：93を参考に作成

れることはほとんどないからである」[5]と述べているように、バスケットボール競技に関する刊行物も手書き原稿が確認されることはあまりない。したがって、バスケットボール競技史の研究では対象とする時代に刊行された刊行物自体を1次史料として用いることが多い。ただし、佐藤が「歴史学的方法とは史料の来歴を辿り、オリジナルな原史料の存在

53

写真1　1953（昭和28）年吸盤型バスケットボールシューズ
（写真提供：株式会社アシックス）

写真2　手縫いのバスケットボール
（タチカラホールディングス株式会社所蔵）

が確認できるかどうかを検討することである。もちろん、原史料は時間の経過とともに失われている可能性が高くなるわけで、多くの場合はそれが確かに存在したと推定できるかどうかが問われる」[6]と述べているように、史料として用いるバスケットボール競技に関する刊行物の原史料の存在を確認する作業は求められる。

4－2　史料探索

　史料のリストを作成する手始めとして、国立国会図書館のホームページの検索で「バスケットボール」もしくは「籠球」などの用語で検索すると数多くの書籍を検索することができる。また、研究テーマによっては「施設」や「用具」などの用語で検索することも必要になる。さらに、スポーツは社会の中で営まれていることから、バスケットボール競技の歴史を対象とするにも、史料の範囲はおのずと「バスケットボール」を飛び越える場合がしばしばである。国立国会図書館の検索では発行年を限定して検索することができるので、研究の対象とする年代を入れて検索をかけると便利である。こうして検索された書籍のなかから、自身のテーマに関連する書籍をリストに加えていく。リストには、最低限、発行年、書名、著者・編者名、発行所、発行所所在地、総ページ数、所

4. 史料探索と収集

表1　史料リスト

発行年	書名	著者・編者名	発行所	発行所所在	総ページ数	所蔵機関
1904	籠毬競技	髙橋忠次郎	榊原文盛堂	東京	30	国立国会図書館
1917	バスケット、ボール規定	極東體育協会編 佐藤金一訳	極東體育協会	東京	23	信州大学附属図書館
1923	バスケットボール規定	大日本體育協会編	大日本體育協会	東京	33	九州大学附属図書館

蔵機関といったデータを盛り込んでおく必要がある。国立国会図書館のホームページの検索でヒットした書籍の所蔵機関は「国立国会図書館」となる。

　こうして、他のサイトでも検索をかけていく。日本では「Webcat」や「日本体育大学図書館」、「芦屋市立図書館」、「秩父宮記念スポーツ博物館・図書館」などのホームページがおすすめである。ただし、こうしたネット検索にかからない史料も多くあり、こうした史料は実際に足を運んでリストに加えることになる。例えば、現時点で日本スポーツ協会の資料室に所蔵されている史料はネット上で検索することができない。しかし、日本スポーツ協会の資料室には貴重な史料が多数所蔵されており、日本のバスケットボール競技史研究を進めるにあたっては日本スポーツ協会の資料室に足を運ぶ必要がある。また、先行研究で引用されている史料もリストに加える。さらに、書籍だけでなく当時の雑誌や新聞なども史料の対象となる。自身が対象とする時代、地域で発行されていた雑誌や新聞を調べ、リストに加える。雑誌は「昭和館」などにも多く所蔵されている。こうした自身での史料探索の方法に加え、図書館のレファレンスサービスを利用することで、史料探索の作業は大きく加速する。図書館のレファレンスサービスでは、図書館員による史料探索の補助を受けることができる。つまり、図書館員との関係性が必要になる。日頃から丁寧な挨拶、態度で図書館員と接し、良い関係を築いておくこ

とで、良い補助を受けることができるだろう。歴史研究は史料を扱う分野だが、人との良い関係なしには成立しない。

4－3　史料収集

　史料がリストに加えられたら、次にリストに加えられた史料の収集にあたる。まずは、自身が所属する大学図書館に所蔵されている史料をコピーする。コピーにあたっては、著作権に注意する必要がある。著作権が保護される期間は、個人の著作物の場合「著作者の死後50年を経過するまで」、団体名義の著作物の場合「著作物の公表後50年を経過するまで」とされている。したがって、著作権が保護される期間にある史料は全文をコピーすることができない。コピーできるのは本文の半分までとされている。例えば、1930（昭和5）年に発行された『指導籠球の理論と実際』は著者である李想白が1966（昭和41）年没であるため全文をコピーすることができる。一方、1986（昭和61）年に発行された『バスケットボール指導全書』は著者の吉井四郎が1992（平成4）年に亡くなっており、本書が発行される2018（平成30）年時点においては著者の死後50年を経過していないため、コピーできるのは本文の半分までになる。国立国会図書館でコピーをする場合には、厳密な確認が行われ、図書館員によってコピーされるため著作権を侵害する恐れはないが、ほとんどの機関では研究者自身でコピーすることになる。このような場合には著作権の範囲内でコピーするよう注意する必要がある。

　文献をコピーする際には、ひとまず文字が読み取れる濃度を確認しながらコピーをすると良い。ただし、史料に写真がある場合は、文字が読みやすい濃度と写真が見やすい濃度が異なることがあるので、必要に合わせてコピーをとると良い。ただし、著作権が保護される期間にある史料の場合、コピーは1人につき1部までとされているため、より優先される方に濃度を合わせてコピーすることになる。

　自身が所属する大学図書館に所蔵されておらず、他の図書館に所蔵さ

れている史料は、自身が所属する大学図書館に依頼し、取り寄せてもらう。ただし、相互貸借を利用して史料を取り寄せる場合は、むやみやたらに取り寄せるのではなく、本当に必要なものを吟味して取り寄せなければならない。研究者は、取り寄せに費用がかかっていることを理解しなければならない。

しかし、相互貸借をしていない図書館や相互貸借の対象となっていない史料もあるので、こうした史料を収集するには、その図書館に足を運ばざるを得ない。とくに古い文献は相互貸借を断られる場合が多い。公共の図書館のように一般に広く開放している機関は必要ないが、大学図書館のように一般に開放していない機関へ史料収集に行く場合は、事前に連絡を入れることが求められる。個人の連絡を受け付けていない機関もあるので、その場合には自身が所属する大学図書館に依頼し、相手先機関に連絡を入れてもらう。図書館によっては、入館に際して所属大学図書館の紹介状が必要になることもある。

前述したとおり、リストには先行論文で引用されていた史料も加えるが、なかには入手困難な史料もある。こうした史料は著者に直接依頼し、史料を提供してもらう必要があるだろう。筆者も先輩研究者から多くの史料提供を受け、自身の研究を進めることができた。このように、歴史研究を進めるにあたっては、他の研究者との関係を構築することも求められる。

さて、同じ史料が現物とマイクロフィッシュで残っている場合、どちらの史料にあたるのがよいだろうか。この場合、現物にあたるべきである。マイクロフィッシュを2次史料とするかの議論は別として、現物が存在するのであれば現物にあたるべきである。是非、現物に触れ、書籍の作り方や紙の状態から時代を感じて欲しい。また、マイクロフィッシュのコピーは見難いことがある。

1931（昭和6）年から1942（昭和17）年に発行された大日本バスケットボール協会の機関誌『籠球』は、この期間を対象としたバスケットボール競技史研究において重要な史料になり、復刻版が2016（平成28）

年に発行されている。研究を進めるにあたっては、ひとまず復刻版を利用すると良い。ただし、論文で引用する部分については、やはり原本にあたる必要がある。次に、同じ史料が複数の図書館に所蔵されている場合、どちらの史料にあたればよいだろうか。この場合、図書館へのアクセスと、図書館でのコピー料金を考えて決めるとよいだろう。また、国立国会図書館は現在のシステム上、コピーに至るまでにかなりの時間がかかってしまうため、他の図書館に同じ史料が所蔵されているのであれば、そちらの図書館でコピーすることをおすすめする。

　ここまで文献史料の収集方法としてコピーをあげてきたが、バスケットボール競技が考案された1891（明治24）年以降の史料であっても、史料の痛みが激しく、コピーに耐えられないものが存在する。こうしたものは、図書館の了解を得てカメラで撮影することになる。また、コピー可能な史料であっても、コピーの際には丁寧に史料を扱うことを心がける。ただし、どんなに史料を丁寧に扱っていても、痛みが激しく、開いた時点で破損してしまうものもある。万が一、史料を扱っている際に史料を破損してしまった場合には、そのまま返却せずに正直に申し出なければならない。

　さらに、史料収集において心がけることは、先行研究で引用されている史料も必ず収集することである。この点について中尾らは、以下のように述べている[7]。

　　論文を読んでいると、他人の論文に引用された史料をそのまま無断で借用しているので、ミスプリントも訂正せずに転載されているのをみることがある。史料を原典について確認もせずそのまま引用することを孫引きと言い、きわめて無責任な行為として非難される。

　論文作成の過程において、孫引きしたくなる衝動に駆られることもあろうが、引用する史料は必ず手元に収集する必要がある。文献を扱う研究者としてルールであり、対象とする範囲の史料を可能な限り手元に持

ち、その史料を他の誰よりも読み込んでいることは研究者としての自信
にも繋がるだろう。

＜注記及び引用・参考文献＞
1）ジョン・H・アーノルド著，新広記訳（2003）歴史．岩波書店，pp.183-184.
2）稲垣正浩（1995）スポーツ史の研究方法，稲垣正浩，谷釜了正編、スポーツ史
　　講義．大修館書店，p.16.
3）岸野雄三（1973）体育史—体育史学への試論—．大修館書店，p.273.
4）佐藤卓己（2009）ヒューマニティーズ歴史学．岩波書店，p.13.
5）佐藤卓己（2009）ヒューマニティーズ歴史学．岩波書店，p.12.
6）佐藤卓己（2009）ヒューマニティーズ歴史学．岩波書店，p.14.
7）中尾堯，村上直，三上昭美（1992）日本史論文の書きかた．吉川弘文館，p.16.

5．史料の整理

（執筆責任者：及川佑介）

　人文社会科学の史料の整理は、研究者によって異なるが、大きな違いがあるわけではないと思う。以下に記すことが目新しいものではないと考えるが、少しでも参考になれば幸いである。

　以下の5-1では、一般的な史料の整理に触れ、ある研究者の自宅に伺い史料の整理について教えて頂いた時の様子等を記したい。5-2ではバスケットボール競技史で考えられる史料の種類別に整理することについて記す。そして、5-3では、主となる史料をさらに深める一例を挙げたいと思う。

5-1　一般的な史料の整理

　人文社会科学の研究では、史料を整理するために用いる方法で基礎的なことに「カード作り」がある。筆者自身が初めて研究を行った時に教わったこともこの方法であった。書籍を読んで、気になる個所にアンダーラインや蛍光ペンで印をつけるように、カードの一枚一枚に書き込んでいく作業のことを「カード作り」という。カードへの記し方に決まりはないが、一目でわかりやすい書き方をすることが望ましい。例えば、カードに見出しをつけて、引用文献を記す時に必要な情報（著者、書名または論文のタイトル、出版社名、出版地、出版年月、蔵書場所名など）を書き込む、そして、内容を表す簡単なメモなどを記す。こうしたカードを沢山作ったならば、キーワードごとにカードを分け、実際に文を書く

時に、カードを並べて文章の構成を考える。なお、カード作りの時の
カードは、ある程度の厚さがあると作業し易い。また、最近ではカード
作りを上記と同じやり方で、パソコン上で行う方法やカード作りの延長
上として、小出しタイトル・見出しをつけて、1,000字から1,500字で小
論文のようにいくつも文章を作成する方法もある。

　ここで、ある研究者の史料の整理について簡単に紹介したい。この研
究者は、バスケットボール競技史研究を行っている方ではないが、体育
史・スポーツ史の研究を半世紀以上続けていて、素晴しい業績を残され
ている人物である。この研究者の論文や書籍での史料の吟味、その細か
さ、正確さ、学会での発言や態度、史実に関しての興味関心など、筆者
は知っていたが、この方の史料の整理や研究の進め方など、知る機会が
なかったので、数年前に史料の整理のことを学ぶために自宅を訪問した
ことがある。

　この方は大学教員を退職していて、自宅の二部屋が研究室になってい
た。洋室と和室が二部屋並んだ研究室になっていて、洋室に机があり、
それを取り囲むように書棚があった。書棚の整理の仕方については質問
していないが、史実や研究について話しをしている時に、書棚にある多
くの書籍や史料の中から迷うことなく、史料を出しては説明していたの
で、この方なりのキーワードに沿って書棚が整理されているのだと思う。
机がある隣の部屋が和室であると史料を広げ、並べて見比べることも
出来るので、便利であるといっていた。書棚のこと以上に驚いたことが、
Excel にまとめられたデータであった。筆者が拝見したのは、Excel で
整理されたキーワードごとの年表や史料についてまとめられたデータな
どであった。その時、筆者は一生かかってもこれだけのデータをまとめ
ることは出来ないと思ったことが印象に残っている。

　（この項の内容とはずれてしまうが）研究に用いようとしている史料の
コピーを自らが持っていたとしても、「史料の現物に触れて調べること
が必要である」と、この方は何度も述べられていた。

62

5. 史料の整理

5－2　史料を種類別に整理

　バスケットボール競技史研究での史料の種類は、書籍（雑誌や冊子含む）、新聞、書簡、大会等のパンフレット・絵葉書・チラシ・チケット、写真、インタビュー調査、現物（シューズ、ゴールなど）等が考えられる。以下では、史料の整理についてその種類別に記していく。

①書籍（雑誌や冊子含む）について
⑴ある視点から史実をみる

　書籍を『バスケットボール競技史研究の対象と領域』の章で紹介したような時代区分に合わせて整理することからはじめるのが良いと考える。次にバスケットボール競技の歴史認識をさらに深化させてみていく方法がいくつかあると考える。それは、ある視点から史実をみることである。そうすることで、時代区分をより細かく設定することやオリジナル性が出てくると考える。その例として、以下では四つの視点を例に挙げて説明していく。なお、バスケットボール競技史について視点を変えてみているので、それぞれが関係することや重なることがある。

　一つ目の例えは、我が国へのバスケットボール競技の導入についてである。このことを視点に置くと主に時代は明治期が舞台となるが、明治期の書籍が少ないことや大正期や昭和期の書籍でも我が国へのバスケットボール競技の導入について記されていることが多いことを考えると、まずは、幅広く時代設定をしながら書籍の整理をする必要がある。そして、遊戯的なバスケットボール競技を伝えた成瀬仁蔵（1894年〜）と本格的なバスケットボール競技を伝えた大森兵蔵（1908年〜）に分けてみていくことになる。

　次の例えは、ある大会を主軸に置き、史料を整理していく方法である。はじめての国際大会への参加となった1913（大正2）年の東洋オリンピック大会（後の極東選手権競技大会）を取り上げるのであれば、その大会へのプレーヤーの派遣や指導に関係した Franklin H. Brown という

63

人物について史料を整理することや彼によってバスケットボール競技が紹介された国内各地の YMCA についてまとめなければならない。また、1936（昭和11）年の第11回オリンピック競技大会（ベルリン）を取り上げた場合は、1930（昭和5）年の大日本バスケットボール協会の設立のことやそれに関係した李想白などの人物のこと、競技力の向上のために導入したシステムプレー[1]等の戦術のこと、バスケットボール競技をオリンピック正式種目に決定するための大日本バスケットボール協会の動向などについて、史料を整理していくことになる。

　三つ目の例としては、ある人物を軸に史実をみていく方法である。上記したように Franklin H. Brown をみていくことになれば、大正期の国際大会や YMCA のことをみていくことになり、李想白に焦点化すれば、大正末期から昭和初期の時期に設定され、大日本バスケットボール協会の設立のことや彼が1930（昭和5）年に著わした『指導籠球の理論と実際』から指導法や技術論のこと、第11回オリンピック競技大会（ベルリン）のことなどが挙げられる。バスケットボール競技史で有名な人物ではない者を取り上げることも、新しい知見を得る一つの方法であると考える。

　最後に、女子バスケットボール競技についてである。『スポーツの技術史』の中で牧山圭秀が記した「バスケットボールの技術史」でみられたように、女子のバスケットボール競技は、その導入からみると遊戯的なバスケットボール競技と本格的なバスケットボール競技の二面性があることから男子のバスケットボール競技史とは別で述べられている場合がある。遊戯と競技の二面性があり、混在しているからこそ、歴史研究としてはそこに面白さが潜んでいるとも考えられる。女子のバスケットボール競技を取り上げることになると、明治期の1894（明治27）年の成瀬仁蔵からはじまり、本格的なバスケットボール競技に変化していく、昭和初期までの時代区分になると考えられる。そこでは、女学校や女子体育に関する書籍の他、子どもが行っていたバスケットボール競技に関する書籍の分類などが必要になってくる。

5. 史料の整理

以上のように、バスケットボール競技史の何に焦点化するのかによっ
て、時代区分が変わり、書籍の整理が変わってくるのだと考える。それ
が、執筆者のオリジナルに繋がってくるように思える。

(2)史料の種類について

　主に書籍を分類するときに必要となってくることがある。例えば、日
本にとってバスケットボール競技は輸入スポーツであるため、海外の技
術や戦術のことや海外で出版された書籍を参考にして書かれたものなど
を整理して検討していかなければならない。また、技術や戦術について
の書籍では、理想論が記されているもの、日本の現状がまとめられたも
の、海外の情報が記されたものなど考えられる。さらに、女子や子ども
のバスケットボール競技について書かれたものや学校の体育の教材とし
て記された書籍もある。

　書籍を分類する時は、執筆者によって分類する方法もある。例えば、
執筆者がバスケットボール競技の専門家の場合とそうでない場合で、体
育・スポーツ一般の専門家が記していることがある。両者を同列で論文
等に使ってしまうと間違う恐れがあるので注意しなければならない。そ
して、大正末期には、全日本選手権大会の優勝チームが、YMCA から
大学に移り、昭和期に入るとバスケットボール競技の運営自体が大日本
体育協会から大日本バスケットボール協会に移ったことを考えると、書
籍等で執筆している者の発言力や影響力はその時代によって変わってい
ると考えられる。

②新聞について

　上記の書籍の整理で記したような作業や方法は、他の史料を整理する
時も必要であると思う。以下では、書籍の整理で記したこと以外のこと
を簡単ではあるが触れていく。

　筆者の経験上、同じバスケットボール競技史の研究でも調べることが
変わるたびに、新聞史料を一から探して目を通す作業を繰り返している

ことから、新聞史料は、研究のキーワードに沿ってまとめることが良い
と考えている。従って、史料は重複することがある。また、同じ新聞社
の新聞でも地域によって記事内容が異なることがあるので注意しなけれ
ばならない。

　データ化されている新聞が多くなっていて、キーワード検索等が出来
るようになり、フィルムを回して一枚一枚探していた時に比べると、か
なり便利になっている。

③書簡について

　書簡の史料は、数が多いとはいえないが、存在すれば貴重な史料にな
る。理由はわからないが比較的海外での書簡が残っていることが多いよ
うに思える。その海外の書簡には、日本のことについて触れているもの
もあり、そこから組織や人の繋がりがみえたり、海外からみる日本とい
うように、客観的な視点に成り得ることもある。

④大会等のパンフレット・絵葉書・チラシ・チケットについて

　他の史料では知ることが出来なかった情報が載っていることがあり、
大会の協賛や主催者側が何を強調しているのかがわかることもある。例
えば、大会を記念しての絵葉書では、大会の様子や施設が写真で掲載さ
れていて知り得た情報もあった。こうしたパンフレットや絵葉書、チラ
シ、チケットなどの史料は、書籍と違って図書館等で保管されている史
料でないことが多いので、貴重な史料として保管して置くべきである。

⑤写真について

　写真の史料は、個人が所有していることがほとんであるため、関係者
の一人ひとりから確認していかなければならない。しかし、昭和初期に
バスケットボール競技と関係していた人物が所有していた写真の史料を
探すには、その人物の子どもや孫を訪ねなければ、その写真はみること
が出来ない。だからこそ貴重な史料といえ、時が経てば経つほど、その

史料に出会うことは難しくなってくる。写真の史料は、その人物との関係や所属していたチーム、時期等で整理することが良いといえる。

⑥インタビュー調査について

インタビュー調査では、書籍や新聞では記されていない細かな情報を含むことがある。従って、新しい知見や他の史料の補足史料になることがあり、場合によっては客観的な史料にも成り得る。しかし、回顧録であることから事実や時期が異なっている可能性があるため、他の史料と照らし合わせる作業が必要になってくる。

インタビュー調査では、インタビューをしても、テープ起こしをしないままに保管する場合が少なくないといえる。テープ起こしは時間がかかる作業であるが、一つひとつ丁寧にテープ起こしをして、いつ、どこで、誰と話した内容なのかを明記する必要がある。

⑦現物（シューズ、ゴールなど）

シューズやゴール、ユニフォームなど、現物が博物館や学校、メーカー、個人で所有していることがある。現物に触れることは貴重なことであるが、数多く存在しているとはいえない。従って、バスケットボール競技史の研究に携わる者がその現物をみつけた時に、個人で整理するということではなく、長期保管が可能な場所を紹介することなどが必要である。

5－3　研究の主となる史料の整理について

研究で主軸になる史料がある場合は、その史料について徹底的に整理することで、深めることが出来ると考えている。以下では、筆者が実際に行った史料の整理の仕方を例として挙げたいと思う。

主軸となる史料を何度も読み、「カード作り」を終えた後に、この史料をさらに活用することは出来ないものかと考え、悩んだ時があった。

そこで、自らが行う作業に生産性があるのかを疑問視しながらも、以下の(i)～(iii)のような作業を筆者は行ってみた。

(i) 史料を小見出しごとに、書評のようにまとめる作業

(ii) 史料を段落ごとに、自らの言葉で書き直したり、要約する作業

(iii) 史料の倍の頁になるくらいの文量で、ここでは何が書かれているのかを説明する作業

上記、(i)から(iii)に進むにつれて作業が細かくなっていくのであるが、こうした作業を続けて、同じ史料を何度も何度も読むことによって、はじめに読んでいた時とは違った読み方や気づき方をするようになったことを覚えている。

主軸となる史料を如何に読み、活用するのかが研究では重要であると考える。そうした作業は、史料を整理することだけでなく、新しい知見をもたらすための作業といえるのではなかろうか。

＜注記及び引用・参考文献＞

1) 1930（昭和5）年に大日本バスケットボール協会が設立した後、協会の関係者は競技力の向上を図り、チーム戦術にシステムを入れ込もうと動きはじめる。書籍や機関誌などでチーム戦術は紹介されるが全体的な競技力の向上に直結するものではなかったと思われる。そうした中で、大日本バスケットボール協会は、1933（昭和8）年にアメリカからジャック・ガードナー（Jack Gardner）を招聘して、講習会を約1ヵ月間、東京、大阪、京都、新潟、名古屋で開催した際、バスケットボール競技にシステムの必要性を訴え、それをシステムプレーと呼び、全国各地に広がった。（及川佑介（2011）松本幸雄と『籠球研究』（昭和9～11年）－日本バスケットボール史の一齣－．叢文社，pp.139-147）

6. 史料批判

（執筆責任者：小谷宪）

　史料収集により、研究テーマに関連する史料を手に入れることができても、中井が「史料がただちに歴史事実にとっての素材であるのではない」[1]と述べるように、収集しただけの史料は、自然科学でいうところの生データのようなもので、そのままでは使用することができない。そこで、収集された史料を批判する作業を行うことになる。この史料批判について、佐藤は「史料批判とは過去の完全な復元ができないことを認めた上で、最低限事実といえる内容を確定してゆく作業である」[2]と説明しており、中井は「史料批判は、歴史事象の事実性を確保するという歴史学の使命の第一歩にとって、不可欠な、そして基礎的な手つづきなのである」[3]としている。このように、歴史研究において史料批判は不可欠な作業となる。

6−1　外的批判

　史料批判とは具体的にどのような作業なのであろうか。斉藤は史料批判について以下のように説明している[4]。

　　史料の批判は、ドイツの歴史学によって外的批判（外側からの批判）と内的批判（内側からの批判）とに分けられている。外的批判とは、史料そのものについて、それが偽造であるかないか、原本に他人が何事かを書き加えていないかどうか、筆写の際に誤りがなかったか

どうか、或いは或る史料はいつどこでだれによって作られたのか、或いはA史料はB史料を模造ないし借用したものではないかどうか、A・BともにCという原物からの借用ではないかどうか、などの点について史料の価値を吟味することである。さらに或る書物が或る著者による真実の著書であることが確かめられ、またその原文が修復されたとしても、著者がこの書物で伝えるところが必ずしも歴史的真実であるとは限らない。この史料の内容である陳述はどの程度に信頼できるかについて吟味し、史料の性格を明らかにする仕事が内的批判である。いわば外的批判とは史料の陳述の外側からの批判であり、内的批判は陳述の内容に立ち入っての批判である。

このように、史料批判は外的批判と内的批判とに分けられ、外的批判では史料そのものが偽造であったり、他の史料を模造、借用したものではないかを確認する。日本で刊行されたバスケットボール競技の刊行物は厳密な外的批判を行なわなくてはならない。図1は1924（大正13）年にアメリカで発行された書籍『THE SCIENCE OF BASKETBALL』の中に掲載されている図である。一方、図2は1926（大正15）年に日本で発行された雑誌『体育と競技』の中に掲載されている図である。

両図を見比べると全く同じものであり、図2は図1の模造・借用であることが理解できる。しかしながら、『体育と競技』には図2が模造・借用であることは記載されていない。したがって、厳密な外的批判がなされないと、図2の戦術が日本で考案されたとする誤った判断をしてしまう。このように、競技移入当初の日本で発行されたバスケットボール競技の刊行物のなかにはアメリカのものを模造・借用したにもかかわらず、そのことを明記していないものがあることから厳密な外的批判が求められる。

もちろん、競技移入当初の日本で発行されたバスケットボール競技の刊行物のなかにはアメリカの刊行物を訳したことや参考にしたことを明記している文献も数多く存在する。ただし、アメリカの刊行物を

6. 史料批判

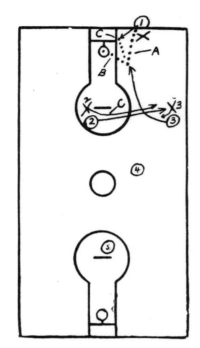
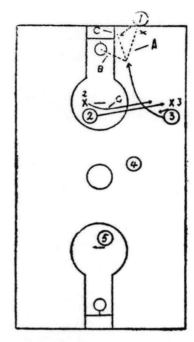

図1　1924（大正13）年にアメリカで発行された書籍に掲載された図

Walter E. Meanwell（1924）THE SCIENCE OF BASKETBALL. DEMOCRAT PRINTING COMPANY：WISCONSIN, p.360

図2　1926（大正15）年に日本で発行された雑誌に掲載された図

元原利一（1926）バスケットボールに於けるアウト、オブ、バウンズ、プレイ. 体育と競技, 5（5）：57

訳したことや参考にしたことを明記してあるからといって外的批判の必要性がなくなるわけではない。本当にその内容がアメリカの刊行物を訳し、参考にしたものであるのかを確認しなくてはならない。例えば、日本では1931（昭和6）年に星野隆英と柳田亨が『THE SCIENCE OF BASKETBALL』を訳した『籠球の原理』を発行しているが、『籠球の原理』の内容を使用する際には『THE SCIENCE OF BASKETBALL』を確認し、その内容が訳されたものであり、かつ正しく訳されているかを確認しなくてはならない。

71

6－2　内的批判

　こうした外的批判がなされた後、岸野が「外的批判が終了すると、内的批判に注意が向けられなければならない」[5]としているように史料批判は内的批判へと移行する。内的批判については、斉藤が以下のように例えている[6]。

　　　史料の批判は場合によっては甚だ根気の要る仕事であるが、その原理は比較的簡単なものであって、われわれの日常においても適用されているのである。例えば、或る人に伝えられた話が真実であるかどうかを他の証拠によって確かめてみたり、或いは或る人が語っていることについて、彼はどのような動機によってこれこれの話をするのかと推測したりする類のことである。

　つまり、内的批判では、史料に書かれていることを他の史料とつきあわせ、史実として確定する。例えば、1936（昭和11）年に開催された第11回オリンピック競技大会（ベルリン）でのメキシコ戦について、京都帝国大学OBの三ツ本常彦は「對手がゾーンをやつたことに對して日本が攻撃の調子を亂されたんだから、やつぱりゾーンに敗因があつた」[7]と述べている。この記述を他の史料とつきあわせ、史実として確定していく。1936（昭和11）年発行の『籠球』のなかで監督として第11回オリンピック競技大会（ベルリン）に参加した浅野延秋は「メキシコのゾーンディフェンスが破れなかつた」[8]と述べており、同大会に総務委員として参加した李想白は、メキシコ戦について「攻撃においては先づ地域防禦（ゾーンディフェンス－引用者注）を攻める手段を全く知らず」[9]と述べている。さらに、この時プレーヤーとして出場した前田昌保はメキシコ戦の様子について「ゾーン、ディフェンスに對しては選手殆んど經驗を持たず、唯個人々々の知つてる範圍で最善を盡す程度で、選手同志御互ひの見解が違ひ、マン、ツー、マンと同様に考へて居た者もあつ

6. 史料批判

たゝめ、チーム、ワークの取れる譯がなく、見す見す勝を許してしまつた」[10]と述べている。このように、第11回オリンピック競技大会（ベルリン）の関係者たちはメキシコ戦について相手チームのゾーンディフェンスを破れなかったことを述べており、「對手がゾーンをやつたことに對して日本が攻撃の調子を亂されたんだから、やつぱりゾーンに敗因があつた」[11]という内容を史実として確定できる。また、内的批判では著者の当時の立場を他の史料から明らかにすることで、史料の意味付けをしていくことになる。

　こうした史料批判が厳密になされないと、木下が「史料批判を十分に実施しないと、これによって確認される史実と、この史実にもとづく歴史の意味が、根底から崩れ去る危険を伴う」[12]と述べるように、誤った歴史像が描かれてしまう恐れがある。筆者は、「日本のバスケットボール競技におけるゾーンディフェンスの導入過程に関する史的研究——Franklin H. Brown が紹介した3-2ゾーンディフェンスに着目して——」[13]という論文のなかで、『慶應義塾体育会バスケットボール部50年史』に掲載されている富田毅郎の「当時の早稲田大学体育会には一種の不文律がありまして、それは『優勝しなければ体育会に加盟を認めない』という厳しいものでした」[14]、「大正15年（1926年—引用者注）に全日本選手権で優勝した事から、当然体育会への加盟も認められ」[15]との回顧から「体育会へ加盟するために1924（大正13）年に早稲田大学がコーチとして Franklin H. Brown を招聘し、チームの強化を図った」とした。しかし、浅野延秋が「已に部員も相当に増加し富岡君、富田君、鈴木君、岡井君等の熱心な研究家を得てクラブの基礎は一層堅く面目も一新して籠球部となり12年（1923年—引用者注）の夏には初めて夏期練習をさへ挙行した」[16]と述べているように、実際には1923（大正12）年に早稲田大学のバスケットボールは体育会への加盟を果たしており、体育会へ加盟するために早稲田大学がコーチとして Franklin H. Brown を招聘したとはならない。富田毅郎の回顧を他の史料とつきあわせて史料批判を厳密に行っていれば、こうした過ちを起こさなかったであろう。このように、

73

史料批判は個々の史料における史実を確定する重要な作業となる。

＜注記及び引用・参考文献＞
1）中井信彦（1973）歴史学的方法の基準．塙書房，p.186.
2）佐藤卓己（2009）ヒューマニティーズ歴史学．岩波書店，p.12.
3）中井信彦（1973）歴史学的方法の基準．塙書房，p.186.
4）斉藤孝（1975）歴史と歴史学．東京大学出版，pp.41-42.
5）岸野雄三（1973）体育史―体育史学への試論―．大修館書店，p.283.
6）斉藤孝（1975）歴史と歴史学．東京大学出版，p.41.
7）三ツ本常彦・浅野延秋・芦田伸三・原美喜夫・池上虎太郎・鹿子木健日子・前田昌保・松井聡・三橋誠・坂勘造・高橋太郎・横山堅七（1936）オリムピック遠征軍座談会．籠球，（18）：31.
8）浅野延秋（1936）オリムピック便り．籠球，（18）：106.
9）李想白（1936）予想を裏切る無念の敗退．アサヒ・スポーツ，14（22）：32.
10）前田昌保（1936）回想．オリムピック，14（12）：80.
11）三ツ本常彦・浅野延秋・芦田伸三・原美喜夫・池上虎太郎・鹿子木健日子・前田昌保・松井聡・三橋誠・坂勘造・高橋太郎・横山堅七（1936）オリムピック遠征軍座談会．籠球，（18）：31.
12）木下秀明（1972）日本体育史研究法，前川峯雄，猪飼道夫，笠井恵雄編、現代体育学研究法．大修館書店，pp.442-443.
13）小谷究（2014）日本のバスケットボール競技におけるゾーンディフェンスの導入過程に関する史的研究―Franklin H.Brown が紹介した3-2ゾーンディフェンスに着目して―．スポーツ史研究，（27）：1-16.
14）富田毅郎（1980）早慶が手を携えて，慶應義塾バスケットボール三田会編、慶應義塾体育会バスケットボール部50年史．慶應義塾バスケットボール三田会，p.18.
15）富田毅郎（1980）早慶が手を携えて，慶應義塾バスケットボール三田会編、慶應義塾体育会バスケットボール部50年史．慶應義塾バスケットボール三田会，p.18.
16）浅野延秋（1931）我籠球部の生ひ立　早大の巻．ATHLETICS，9（1）：134.

7．解釈

（執筆責任者：谷釜尋徳）

　「史料批判」によって信頼に足る史料であることが確認された後は、その史料を通して過去を理解しようとする「解釈」の段階に行き着く。「過去の証拠（史料—引用者注）がない限り、スポーツの歴史は存在しない」[1]と言われるが、史料はそれを活用する側の語り掛け方によって、様々な「史実」を現わすことになる。岸野が「我々は、研究史料からあらゆる可能な解釈を引き出すことを忘れたり、史料の保証しない結論を導いたりする危険を、つねに注意しなければならない」[2]と述べたように、史料が提供する多くの情報をいかに拾い上げるのかという問題は、史料を活用する側の解釈にかかっている。

　ここでは、バスケットボール競技史研究における史料解釈について、具体例を交えて解説することにしたい。

7－1　史料と環境

　私たちが史料と向き合おうとするとき、その史料を生み出した「環境」に思いを致さなければならない。井上勲は「歴史を構成する最小の単位は、個々の人間である。人間は一定の環境のもとで自己を形成し行動し相互に関係して社会を構成する」とし、「環境を知らなければ、個人の行動を理解することはできない」と断言した[3]。

　この点は、日本でも古くから意識されてきた。実証主義的な歴史学研究法を我が国に導入した坪井九馬三は、1903（明治36）年発行の『史学

研究法』の中で、史料が作られた「年代」と「場所」の「社会事情」に配慮しなければならないと説いている[4]。

　同じく、岸野が「われわれの思考の射程外にある事実は、現代人的な思考法によって解せられやすい」[5]と指摘したように、今日的な観念や尺度を過去の世界にそのまま当てはめることは、歴史の誤認を避ける意味でも注意する必要がある。

　このように、歴史研究では史料が生成された時代に固有の考え方に理解を示すことが肝要であるが、スポーツ史研究においても史料の製作者ないし史料に描かれた個人を取り巻く「環境」を無視することはできない。Ulrich Göhner ゲーナーによる「用具の使用が行おうとする運動のやり方に大きな影響を与えている」[6]との見解は、そのままバスケットボール競技史の世界に落とし込むことができる。「対象と領域」の章で解説したように、人間の運動技術は環境としての用具の形状や性能の影響を受けていて、その好例が昭和前半期のボールの性能とドリブル技術との間に顕著にみられたからである。また、シュートを引き合いに出してみても、屋内のアリーナでプレーされる今日とは違って、屋外コートが主流であった時代（〜昭和20年代）は上空の風も考慮に入れてシュートしなければならなかった[7]。1950（昭和25）年刊行の『近代スポーツの施設と用具』には、バスケットボール競技の屋外コートについて「ボールが風に邪魔されることが多いからできるだけ風當りの少い場所を選ぶべきである」[8]との実情が記述されている。したがって、史料が伝えるかつてのバスケットボールプレーヤーの技術が今日に比して稚拙に思えても、それを過去の人間のパフォーマンスレベルが劣っていたことの証左とすべきではなく、環境としての用具・施設までも念頭に置いて解釈しなければならないのである。

7－2　文献史料の解釈

　文字で書き残されたバスケットボール競技に関する文献史料をどのよ

うに読み解いていくのか、以下ではその概略を述べていきたい。

　堀米庸三は史実を解釈する際の留意点の一つとして、「沈黙の論断」をあげている[9]。これは、史料に記述がないからといって、その事実がなかったことの証左とはなり得ないという指摘である。例えば、日本におけるバスケットボール競技の伝来者としては、史料上は成瀬仁蔵、大森兵蔵、Franklin H.Brown などの名前が挙げられるが、それは彼らがこの競技の移入に携わったことを史料が教えているのであって、他にも名も無き人物が熱心にバスケットボール競技を伝えていたかもしれないことを否定するものではない。

　過去の事象のうち、史料が提供する過去の情報はほんの一断面だけで、史料として残されなかった事象の方が圧倒的多数を占めていることを改めて理解しておく必要があろう。とある出来事があったことは史料によって証明できるが、なかったことを証明するのは極めて難しいのである。

　文献史料として残された出版物であっても、それをそのまま当時のバスケットボール競技界を反映した史実と認定できない場合がある。日本における初期のバスケットボール指導書は、アメリカの文献に多分に依拠して執筆された例も散見される。例えば、1924（大正13）年発行の藤山快隆の『バスケツトボール』[10]はアメリカの指導書[11]を下敷きにしているため、そこに盛られた情報は当時代の日本に普及していたものと異同がある可能性は考慮しておく必要があろう。なお、これは史料批判の範疇であろうが、外国語の翻訳文献を扱う場合には、可能なら原書と比較照合をして「誤訳の可能性」もチェックしなければならない[12]。

　他の分野と同様、スポーツ史においても『近代体育文献集成』[13]『体育・スポーツ書集成』[14]などをはじめ文献集・史料集なるものが存在する。例えば、学校体育史の領域からアプローチするなら、そこからバスケットボール教材に関連する史料を抜き出して活用することが可能であろう。ただし、文献集・史料集には編者による「選択」という恣意性がすでに発生していることには注意が必要である。そこに収録されている

史料は、編集段階での何らかの意図に基づいて選ばれたのであって、その意図は後に史料の活用を試みようとする研究者のそれと合致するとは限らない。したがって、当該史料そのものの解釈にあたっては、文献集や史料集に付された解説文が参考になる。収録した史料の選択基準が示されている場合があるからである。

　この種のいわば二次史料で注意すべきなのは、収録時に再度文字を起こしているパターンで、転記時に移し間違えがないとは限らない。原本をそのまま複写して転載する「復刻版」を扱う場合も同様である。例えば、大日本バスケットボール協会の機関誌『籠球』の復刻版[15]では、鮮明度の点で原本の程度を明らかに下回っている文字や写真が散見される。

　自然科学の研究では、一定の条件のもとに収集した多くのサンプルに対して実験ないし調査を行い、アウトプットされたデータに客観性を担保させている。一方、歴史学の研究において、データとしての「史料」は過去の人間の手によって意図的に創り出され、残されたものなので、主観性を完全に払拭することは不可能である。この点の克服にあたっては、原淳一郎の見解が参考になる。すなわち、原は「筆者の主観に基づく記載事項の選択や表現の差もまた真実であり、似通った記述が複数になれば、そこにはある程度の客観性が生まれるのではなかろうか」[16]と述べ、複数の史料を突き合わせ、そこに「似通った記述」を確認することで客観性を見出せると説く。原が念頭においたのは、近世日本の庶民が書き残した史料のことであったが、親科学を同じくするバスケットボール競技史の史料に対しても、同様の視点を援用することができよう。

　指導現場における指導－　享受のプロセスの歴史を考察する場合にも、史料の解釈にあたっては一筋縄ではいかない問題が潜んでいる。1964（昭和39）年の東京オリンピックに向けて、日本バスケットボール協会は初めて本格的に外国人コーチの招聘に踏み切った。『東京オリンピック選手強化対策本部報告書』を読むと、当時日本代表監督としてチームを率いた吉井四郎は1963（昭和38）年の活動実績を「アメリカ・コーチ、

ピート・ニューエル氏の招へい；主として防御面の指導を受けたが、実に合理的なシステムを最も簡単な方法で指導する指導技術と、指導におけるきびしさと、きびしさの中にも人間味あふれる温かさが感じられる彼の指導態度から、コーチはいかにあるべきかの手本を見ることができた」[17]と記述している。この一文は、ニューエルのアメリカ仕込みの熱のこもった指導を、日本代表選手が素直に吸収していった様子を想起させる。ところが、後年の『1967夏季1968冬季ユニバーシアード大会報告書』を見ると、吉井は当時を「日本のチームが、彼等（ニューエルら—引用者注）の指導したものをチームの力としてその効果を発揮したのは、彼等の指導したものを日本のコーチ（吉井—引用者注）が日本人的感覚で把握し、それをもう一度選手に指導した後においてであった」[18]と振り返っている。つまり、双方の史料を突き合せれば、ニューエルが日本代表選手に指導したことは紛れもない事実であるにしても、その指導内容はそのままプレーヤーに受け入れられたわけではなく、一旦は吉井に取り込まれ、その「日本人的感覚」で取捨選択された後に再度伝えられたという二段構えの指導実態が浮かび上がってくる。単一の史料のみでは解釈の錯誤を起こしかねないこと示す一例である。

　カタログや雑誌広告のキャッチコピーも文献史料に含まれる。バスケットボール関連の広告では、「新発売 マルケンの（革張）バスケットボール 球技界を席巻す近代感覚と優秀技術に依り」[19]とか、「スプリング入 バスケット靴 足の疲労の感ずる事の絶対にない靴で品質型共断然舶来品に勝つて居ります」[20]といった宣伝文句が謳われていても、過去の自社製品と比較しただけであったり、誇大広告である可能性は否めないので、まずは疑ってかかる必要がある。

7－3　非文献史料の解釈

　ここでいう非文献史料とは、文字で記述・伝達されたものではない視覚的描写による史料である。この手の史料は、「文献史料によっては具

象化できない側面を理解するために不可欠の史料であり、施設・用具・服装・技術などの問題を解明していく場合にたいへん役立つ」[21]、「文字によって抽象的にしか知りえない史実に、実感を与え肉づけしてくれる」[22]といった点で、スポーツ史研究の進展を大いに手助けするものと考えられてきた。

　一方、絵画史料の場合、写実性に乏しい場合もあるのが実情である。かといって、絵画を一括りに絵空事として片づけてしまうわけにはいかない。日本の中世・近世の絵巻物などは「一定の約束事（コード）によって描かれている」[23]とされるが、過去のバスケットボール競技の模様を描いた絵画を史料として扱うなら、その「約束事」を理解しなければそこから史実を引き出すことは難しい。

　ならば、写真は信頼してよいかといえば、これも単純に史実が投影されていると即断することはできない。撮影者の意図やカメラアングル、レンズの種類、シャッタースピードといった諸条件によって、写真の出来栄えは大きく変わってくるからである。大正末期～昭和初期の日本で刊行されたバスケットボール競技の指導書には、技術解説のためにモデルに静止してポーズをとらせた写真が掲載されている例が多数見受けられる。しかし、静止画像には動きの時間が流れていないため、そこからいきいきとした運動経過を読み取ることは至難の業だといわねばならない。仮に技術の詳細を伝える連続写真が出てきても、時間が裁断された写真からはスピード感までは察知できないという欠点も指摘されよう。

　その意味では、競技の模様が記録された映像史料は、特に技術史・戦術史研究における貴重な情報源となる（ただし、映写速度など注意点はある）。今のところ、動画を巧みに用いたバスケットボール競技史研究の領野は未開拓だと思われるが、動画を含んだ論文の投稿が認められている学会機関誌（オンライン版）もあるので、今後検討の余地がある研究手法であろう。ハンディ型のビデオカメラが普及して以降の時代は、映像史料の数は飛躍的に増加するが、仮に古い時代のフィルムが発見された際は撮影した時空間などの特定作業が必要となる。文献史料と同じく、

映像史料であっても単一の映像だけに依拠した史実の認定には慎重にならざるを得ない。少なくとも、動画の中の技術や戦術が、撮影当時の時代性を反映するものなのか、個人やチームに特有の例外的な動きなのかを巡った解釈が求められよう。映像史料が提供する情報は、文献史料との相互補完によって真実味を帯びてくると理解しておきたい。

　用具史のアングルから研究する場合、運動具店のカタログや雑誌広告等に掲載された写真は示唆に富む史料となる。しかし、カタログのボールの写真に着目したとして、そこから「まるい」「でこぼこ」といった形状の認識は可能であるにせよ、「やわらかい」「かたい」という触感に迫ることは写真を見ただけでは難しい。そもそも、時代を遡るほど、店頭に並ぶ用具とは似て非なる宣伝用の写真がカタログに載せられているケースは少なくない。これも文献史料との併用を検討すべき事例である。

　研究対象とする年代によっては、当時のバスケットボール競技に関する諸情報を実体験として記憶する人物が生存している可能性がある．当事者の「記憶」は聞き取り調査によって再現され、それが活字化されれば貴重な「インタビュー史料」となり得る[24]。岸野も「回顧談や思い出を尋ねて、筆記や録音することも大切である。いな体育史研究の場合には、こうした現地調査が絶対に必要である」[25]と強調した。当事者の記憶の信憑性や、そこから採集した情報を論文中でどのように記述するのかは一考の余地があるにしろ、こうしたインタビュー史料はバスケットボール競技史研究に立ちはだかる史料的な限界を克服する役割が期待されよう。指導書や雑誌、新聞記事等の記述対象とはなり難い、若年層、女性、未熟練者のバスケットボール競技の歴史が、当事者の記憶を通して克明に浮かび上がってくる可能性があるためである[26]。

　ただし、御厨貴が「オーラル・ヒストリーは、厳密な実証よりは、むしろ論文執筆の過程での著者の心象形成に役立つ。そこに絶対的な限界があり、その点こそがオーラル・ヒストリーを論文に取り込んで使うときの一番の難点に違いない」[27]と指摘するように、インタビュー史料は過去の事象を知る上で示唆に富む情報を提供する反面、実証の意味合い

からは「限界」や「難点」を抱えている。今のところ、インタビュー史料は文献史料と突き合わせて解釈することが無難であろう。

インタビュー史料と文献史料を照合させた結果、一定の史実を導くことができれば理想的だが、仮に当事者の証言と文献史料との間に齟齬が発生した場合、どちらを優先すべきであろうか。文献史料が絶対的に正しいと断じることはできないが、その文献が外的・内的な史料批判を経ていることを前提にすれば、曖昧さが残る記憶よりも文献の方を頼りにせざるを得ない[28]。

ただし、文献史料の解釈の手法を援用するならば、インタビュー史料を数多く採集して、内容が重なる口述記録が複数名分確かめられれば、そこにはある程度の客観性を担保し得るのではないだろうか。今後、特に現代史を対象としたバスケットボール競技史研究の発展に向けて、インタビュー史料の解釈の問題は克服すべき課題であるといえよう。

7－4　史料から読み解く技術・戦術的な側面

ここでは、各種の史料からバスケットボール競技史の技術・戦術的な側面をどのように解釈していくのか、その事例をいくつか紹介していきたい。

昭和初期のバスケットボール競技の指導書をみると、その多くがゲーム中のドリブルを極力少なくするよう戒めていることがわかる。例えば、1928（昭和3）年刊行の『籠球必携』をみると、そこには「矢鱈に長いドリブルをするな。自分が危険を過ぎたら、又は味方がパスを受取るに充分な状態になつたら直にパスをするやうにせよ」[29]と解説されている。また、『指導籠球の理論と実際』のなかで、李想白は「原則的に云へば、前面にゐる敵、又は待構へてゐる敵をドリブルによつて抜くことは無理といはなければならぬ。餘程特殊の事情でもなければ、これは抜けるものではない。無理しない方がよい。パス又はピボットせよ」[30]と明言した。このように、当時のゲーム中におけるドリブルは、自らシュートを

放ったり味方にパスをすることが困難な場合にのみ用いられるプレーで
しかなく、攻撃的な技術としての価値は認められていなかった。

　だからといって、当時の日本でパスを重視した攻撃戦術が積極的に推
奨されていたと即断することはできない。当時のバスケットボール専用
球は完全な球体を保てないレベルの性能であったために、イレギュラー
バウンドを想定しなければならず、ドリブル中は視線を落としてボール
を視野に入れる必要があった[31]。したがって、文献史料が伝えるドリブ
ル技術に対する低調な見方は、純粋にパスを肯定するような戦術的な意
図をともなう評価ではなく、運動技術が用具（ボール）の性能に規制さ
れた結果生み出された風潮として解釈すべきであろう。

　非文献史料から技術の情報を読み解く際にも、配慮すべき事項は存在
する。例えば、両腕を伸ばしてボールを手放しているように見える静止
画の写真があったとしても、それがパスをリリースした直後とキャッチ
する直前のどちらの瞬間を捉えているのか、厳密には判然としない。指
導書ならば大半は写真にキャプションや解説文が付されているが、その
ような手掛かりが一切ないスナップ写真は技術面での解釈が容易ではな
いのである。この場合、撮影されたプレーヤーの手の向きに着目し、両
手の掌が外側を向いていればパスのリリース後である可能性が高く、掌
がボールの方を向いていればキャッチングの直前だと判断することがで
きるかもしれない。それでもなお、当時パスのリリースとキャッチング
に対してどのような技術的指導が行われていたのか、史料を通じて確認
する作業を経てから写真が持つ意味内容を解釈する必要があろう。

　次に、戦術的な側面の解釈の問題を記しておきたい。戦術史研究にお
いては、コート上のプレーヤーの動きを示した図が頻繁に活用されてい
る。この図は、実線がプレーヤーの進路、点線がパスの方向、ギザギザ
の線はドリブルを示すなど、今日でも戦術の説明に度々使われている手
法から成り立つ。ただし、図示された内容は戦術の概要を教えてくれる
ものの、この静止画像からは動きのスピードやタイミングを読み解くこ
とは困難である。結局のところ、図に添えられた解説文など文献史料と

の併用なくしては、当該戦術の真相に迫ることはできないといえよう。

＜注記及び引用・参考文献＞

1）Dave, D. and Wray, V.（2015）Sports History Methodology: Old and New. Int. J. Hist Sport., 32（15）：1717.

2）岸野雄三（1957）体育の歴史的研究法．日本体育学会編，体育学研究法．体育の科学社，p.378.

3）井上勲（2004）日本史の環境．井上勲編，日本の時代史29 日本史の環境．吉川弘文館，p.6.

4）坪井九馬三（1903）史学研究法．早稲田大学出版部，p.480.

5）岸野雄三（1973）体育史：体育史学への試論．大修館書店，p.286.

6）ゲーナー：佐野淳・朝岡正雄ほか訳（2003）スポーツ運動学入門．不昧堂出版，p.71.

7）谷釜尋徳（2009）日本におけるバスケットボールの競技場に関する史的考察：大正期～昭和20年代の屋外コートの実際に着目して．スポーツ健康科学紀要，（6）：31-32.

8）東次右衛門（1950）近代スポーツの施設と用具．旺文社，p.107.

9）堀米庸三（1964）歴史をみる眼．日本放送出版協会，pp.31-32.

10）藤山快隆（1924）バスケットボール．目黒書店．

11）Wardraw, C. D. and Morrison, W. R.（1922）Basket ball. Charles Scribner's.

12）澤田昭夫（1977）論文の書き方．講談社，p.88.

13）岸野雄三監修（1982～1983）近代体育文献集成．日本図書センター．

14）民和文庫研究会編（2017）体育・スポーツ書集成．クレス出版．

15）（2016～2017）『籠球　復刻版』デポルターレ．

16）原淳一郎（2002）近世参詣地名所における参詣地意識：江戸十里以上の江の島参詣．交通史研究，（51）：24.

17）吉井四郎（1965）バスケットボール．東京オリンピック選手強化対策本部報告書．日本体育協会，p.327.

18）吉井四郎（1968）男子バスケットボール．1967夏季1968冬季ユニバーシアード大会報告書．日本体育協会，p.138.

19）（1954）長瀬ゴム工業株式会社 広告．バスケットボール，（15）：巻末．

20）（1932）美津濃 広告．籠球，（5）：巻末．

21）岸野雄三（1973）体育史：体育史学への試論．大修館書店，p.275.

22）木下秀明（1972）日本体育史研究法．前川峯雄ほか編，現代体育学研究法．大修館書店，p.446.

23）黒田日出男（2004）絵画史料で歴史を読む．筑摩書房，p.9.

24）油井大三郎（2006）記憶と史料の対抗．東京大学教養学部歴史部会編，史料学

入門．岩波書店，p.208.

25) 岸野雄三（1957）体育の歴史的研究法．日本体育学会編，体育学研究法．体育の科学社，p.374.

26) 谷釜尋徳（2015）バスケットボールの技術史研究に関する一考察：日本を対象とした研究の場合．バスケットボール研究，（1）：92-93.

27) 御厨貴（2002）オーラル・ヒストリー．中央公論新社，p.50.

28) 木下秀明による「談話史料」の取り扱いの考え方を以下に記載しておきたい。
「はじめ文書史料を提示せずに回顧させ、つづいて文書史料をみせずに、"こういうことはないか"と文書史料にもとづいた質問を与えて、本人の自発的な訂正を待ち、最後に文書史料を提示して記憶の肯定あるいは否定を暗黙のうちに行ない、記憶の否定に対して本人がさらに文書史料に反対する場合には、理解のできる史料成立上の説明が得られない限り、その部分の談話史料は史料価値に乏しいものと私は判断している。はじめ、つい昨日のことのように回顧しながら、文書史料を提示するとグラック回顧談は多いものである。とくに、談話には、その人の性格や経歴、利害関係、記憶力、事柄の印象の強さが関係するので、史料批判上、手におえない場合が多い。基本的には文書史料に依存し、談話史料はその肉づけ、傍証程度にとどめるべきである」（木下秀明（1972）日本体育史研究法．前川峯雄ほか編，現代体育学研究法．大修館書店，pp.445-446）

29) バスケットボール研究会編（1928）籠球必携：選手及指導者の注意事項．東京運動社，p.6.

30) 李想白（1930）指導籠球の理論と実際．春陽堂，p.289.

31) 谷釜尋徳（2008）日本におけるバスケットボールの専用球の改良とそれに伴うドリブル技術の発達に関する技術史的考察．スポーツ運動学研究，（21）：50-51.

8．執筆

（執筆責任者：谷釜尋徳）

　史料批判や解釈が一段落したら、いよいよ執筆の段階である。自身の努力によって得た知見を客観的に伝えようとする作業（執筆）を経て、はじめて論文は完成を見ることになる。さらに言えば、執筆後に論文を公開することがなければ、その研究が「成果」として認められることはない。

　一口に「執筆」と言っても、レポート、学術論文、学位論文など様々な用途があるが、執筆作業そのものには一定のルールが存在する。以下、バスケットボール競技史を想定しながら説明を加えていきたい。

8－1　題目のつけ方

　論文の中で最初に人目に触れる可能性が高いのが題目である。それでは、題目にはどのような要素が入っていれば事足りるのであろうか。題目を見て論文の中身がイメージできることが理想なので、研究対象とする時間（時代）、空間（場所）、対象（バスケットボール競技）の情報は必須である。かといって、『戦前の日本におけるバスケットボール競技について』だけでは、あまりにも具体性を欠いてしまう。そこで、研究対象にまつわるもう少し踏み込んだ情報を入れるのが、通常の題目決定の方法であろう。

　表1は、拙稿『大正期～昭和前半期の日本におけるバスケットボールのシュート技術の変遷―中・長距離からのワンハンド・シュートの受容

表1　題目のつけ方

主題：大正期～昭和前半期[1]の日本[2]におけるバスケットボール[3]のシュート技術[4]の変遷[5]
副題：中・長距離からのワンハンド・シュート[6]の受容過程[7]
[1]どの時代を対象とするのか
[2]どの地域を対象とするのか
[3]スポーツの中の何を対象とするのか
[4]バスケットボール競技の中の何を対象とするのか
[5]シュート技術がどのような状態になることを明らかにするのか
[6]シュート技術の中のどのような運動経過を扱うのか
[7]ワンハンド・シュートがどのような状態になることを明らかにするのか

谷釜尋徳（2010）大正期～昭和前半期の日本におけるバスケットボールのシュート技術の変遷：中・長距離からのワンハンド・シュートの受容過程. 体育学研究, 55（1）：1-16より作成

過程―』[1]をもとに、題目の分解を試みたものである。すべてが尽くされているとは言い難いものの、論文の中身を表す一定の情報が主題と副題に分かれて盛り込まれていることがわかる。

　上記の事例では、副題は対象をより明確にするために用いられているが、例えば「機関誌『籠球』の分析から」とか「吉井四郎の著作を中心に」といったように、依拠する史料の範囲を盛り込むパターンもあり得る。主題だけで簡潔に研究内容を伝えられれば良いが、主題が冗長になりそうなら副題を有効に活用することを推奨したい。

　論文の題目と内容は一致していなければならないので、論文を書き終えた後に両者に異同が生じていないかの確認作業は必須であろう。仮に合致していなければ、題目か中身のどちらかに修正を加えるなどして調整を取るべきである。

8-2　論文の構成

①論文の組み立て方

　学術論文の執筆にあたっては、目次構成を決める必要がある。

　自然科学系の論文では、「緒言」「方法」「結果」「考察」といった順序の構成をよく目にするが、歴史学を含む人文社会科学系では「序論」「本論」「結論」というパターンが一般的である。序論は「序章」「緒言」「問題の所在」「研究の意図と課題」「はじめに」など、結論は「結章」「終章」「結語」「むすび」「おわりに」などと様々に命名されるが、意味するところは概ね同じである。

　序論、本論、結論の分量のバランスは定められてはいないが、序論5％、本論85％、結論10％が目安だとする見解もある[2]。

　表2は論文の大まかな組み立て方の事例を記載したものである。序論の次に本論が展開されて、最後に結論、さらに注記や文献一覧が入るのが一般的で、必要に応じて研究の協力者に対し謝辞を追記する場合もある。本論は複数の章で区切るのが通常で、章の下位には節、さらに下位には項を配列する。各章、各節、各項は同列の扱いである。数は定められていないが、例えば第1章は3節で構成されているのに、第2章は5節、第3章は2節などというアンバランスは好ましくない。ただし、審査をともなう論文の場合、査読者（審査員）からの指摘によって当初の構成やバランスの変更を余儀なくされることがあり得る。

　表中に示したように、本論の見出し表記の仕方には数多くのパターンが存在する。学位論文ならパターン①に似た構成が多く見受けられるが、大学紀要や学会誌などではパターン②③も含め様々な表記が想定される。

②序論

　歴史系の学会誌であれば、歴史研究の論文を投稿するのは当然のことである。しかし、専門領域を横断する学会の雑誌に歴史的な内容の論文を投稿することも想定される。また、スポーツ運動学の学会誌に技術史

表2　論文の組み立て方の事例

序論	序論、序、序章、緒言、問題の所在、研究の意図と課題、はじめに、等		
	パターン①	パターン②	パターン③
本論	第1章 　第1節 　　第1項 　　第2項 　　… 　第2節 　　第1項 　　第2項 　　… 　第3節 　　第1項 　　第2項 　　… 第2章 　第1節 　　第1項 　　…	1. 　1-1 　　1-1-1 　　1-1-2 　　… 　1-2 　　1-2-1 　　1-2-2 　　… 　1-3 　　1-3-1 　　1-3-2 　　… 2. 　2-1 　　2-1-1 　　…	I. 　① 　　(1) 　　(2) 　　… 　② 　　(1) 　　(2) 　　… 　③ 　　(1) 　　(2) 　　… II. 　① 　　(1) 　　…
結論	結論、結章、結語、むすび、まとめ、おわりに、等		
	注記、文献一覧、謝辞、等		

系の論文を投稿したり、スポーツ経営学の学会誌にビジネス史の論文を投稿するケースも十分にあり得る。このような場合には、なぜ歴史的な視点からアプローチするのか、その理由を序論で簡潔に説明しておく丁寧さは決して無駄な労力ではない。バスケットボール競技の歴史研究が今日のバスケットボール競技界にどのように貢献し得るのかを明示することは、当該論文のクオリティーを担保する意味でも必要な作業だからである。

　序論の執筆にあたっては、スポーツ史ないしバスケットボール競技史に特有の記載事項があるわけではなく、一般的な人文社会科学系の論文の作法に基づけばよい。表3は序論の構成と、各トピックにおける執筆内容を示したものである。これはとある学位論文の事例であるが、一般

8. 執筆

表3　序論の執筆内容の事例

序論の構成	執筆内容
序論　本研究の課題と方法 １．研究の意図と着眼点	→この研究に着手することの意義（理由）、テーマに関わる今日的な課題、研究の目的などを示す。
２．時代区分	→取り扱う時代の認識や、研究対象期間のはじめと終わりの区切り、その区分法の理由を示す。
３．研究方法の検討	→どのような方法で史料を駆使して仮説を実証するのかを記す。
４．主要な用語の概念規定	→この論文内で、主要な用語をどのような意味で使用するのかを示す。
５．先行論文の検討	→先行論文がどこまで明らかにしているのか（いないのか）を検討し、自身の研究の独自性を示す。
６．論文の構成	→どのような組み立てや順序をもって、仮説を実証するのかを記す。
７．史・資料の取り扱いについて	→用いる史料の説明と、その史料がどのような範囲で蒐集され、選択されたものなのかを明記する。
８．叙述の前提について	→引用文の旧字体の扱いなど、文章を叙述する上での論文内のルールを定める。

谷釜尋徳（2008）近世後期における江戸庶民の旅に関する史的研究：江戸近郊地の庶民による旅との比較を中心として．日本体育大学大学院 体育科学研究科 博士学位論文．より作成

的に歴史学系論文の序論にはこうした情報が盛り込まれていることが多い。ただし、大学紀要や学会誌に掲載される論文では、序論の中に下位の見出し語を付けずに例えば「１．問題の所在」の中にすべて流し込むケースが頻繁に見受けられる。項目の順序には特段のルールはなく、冒頭の一文で研究の目的を措定する論文もあれば、様々な論理展開を経た後で序論の最後に目的を記す論文もある。

　序論において意外に記載漏れを起こしやすいのが、「なぜこういう研究をすることに意味があるか、という存在理由の説明」[3]すなわち研究

91

の「意義」である。今日的な課題に端を発して過去の世界に解決の手掛かりを求めることが歴史学研究の特徴であるなら、序論の執筆にあたっては少なからず現代の問題に関心を示す必要があるといわねばならない。

③本論

設定したテーマに対して、どのように史料を駆使して仮説を実証し一定の答えを導き出していくのか、そのシナリオが本論の構成である。それでは、本論はどのようにして構成すればよいのであろうか。本論は章、節、項などによって分類されることは前述した通りなので、ここでは論文構成の具体例を示すことにしたい。

表4は拙稿『日本におけるバスケットボールの専用球の改良とそれに伴うドリブル技術の発達に関する技術史的考察』[4]の構成を分解したものである。この論文の目的は、「大正末期〜昭和前半期におけるバスケットボールの専用球の改良とドリブル技術との関連性に着目して、技術史的な観点から検討を加えること」[5]で、技術（ドリブル）の持つ歴史性を用具（ボール）との関連において明るみに出すことを狙いとした。

本論は3つの章で構成され、「2.」章は3節（①〜③）から成り、③は2つの項に細分されている。「3.」章は2節、「4.」章は3節が設けられている。「2.」の章だけに項が置かれるなど若干のアンバランスは否めないが、これは当該の章において戦前のバスケットボール競技のボールやドリブル技術の全体像を示す必要があったことによる。

論文構成には様々な形態があるが、歴史的なテーマを扱う論文は時系列を意識して展開していくとわかりやすい。この論文は、大正末期〜昭和前半期を主な研究対象期間としているが、「前史」も含めて明治30年代〜昭和30年代までの内容を時間軸に乗せて整理する手法が採られている。ボールの変遷を軸にドリブル技術の移り変わりを並走させることで、両者の関係性を説明しようとした構成である。

表4　論文構成の事例

題目	日本におけるバスケットボールの専用球の改良とそれに伴うドリブル技術の発達に関する技術史的考察			
構成	章	節	項	時代設定
序論	1．問題の所在			
本論	2．国産ボールの性能とドリブル技術への影響	①国産ボールの普及とその構造		明治30年代〜昭和0年代
		②国産ボールの性能とそのドリブル技術への影響		大正末期〜昭和0年代
		③昭和初期のドリブル技術とその評価	(1)昭和初期のドリブル技術	昭和0年代
			(2)ドリブルに対する評価	昭和0年代
	3．大日本バスケットボール協会の設立とバルブ式ボールの登場	①大日本バスケットボール協会の設立と公認球の登場		昭和0年代
		②バルブ式ボールの登場とそのドリブル技術への影響		昭和0年代〜昭和10年代
	4．革貼りボールの登場とドリブル技術への影響	①ハワイ2世チームの来日とそのドリブル技術		昭和20年代
		②革貼りボールの登場とその性能		昭和20年代〜昭和30年代
		③ドリブル技術の発達		昭和30年代
結論	5．結び			
注、文献				

谷釜尋徳（2008）日本におけるバスケットボールの専用球の改良とそれに伴うドリブル技術の発達に関する技術史的考察．スポーツ運動学研究，(21)：45-59より作成

④結論

　結論は序論で公言した「約束」に対する「答え」を出す場所である。したがって、仮に序論と結論に異同が発生しているなら、その研究は根本的に成立していない。このような場合、結論を導く基となった本論の中身が序論で示した目的とずれている可能性が高いので、論文構成を含む本論の記載事項を改めるか、あるいは序論の目的を再考するか、慎重に検討しなければならない。

上述した論文では、最終的に「大正末期～昭和前半期の日本において
は、バスケットボールに使用するボールの性能の向上がドリブル技術の
発達に多大なる影響を及ぼしていたと指摘することができる」[6]と結論
づけられ、日本人のドリブル技術がボールの性能を後ろ盾として発達し
てきたことが証明された。この意味で、序論で示した目的と結論の間に
は齟齬は生じていないといえよう。

　結論では、本論で明らかにしてきた内容をコンパクトに整理し、そこ
に著者の所見を交えて着地点を見出すことが一般的である。時として、
その研究で明らかにできなかった問題を「今後の課題」として追記する
こともあるが、結論の段階になって新たな議論を展開し過ぎることはあ
まり好ましくない。

8－3　執筆の実際

　研究論文を叙述する際の文体として「である調」を用いるのが基本で
ある。

　段落ごとにまとまった内容を整理していくことになるが、段落間の関
係性にも配慮しなければスムーズな文章とはなり難い。直前の段落とは
別の側面を扱いたい場合は、「ところで」「さて」などと切り出せば新た
な流れを作り出すことができる。同格の議論を複数段落にわたって展開
したければ、「まず」「第一に（第二に…）」「また」「さらに」「加えて」
などと繋げばよい。同格の議論ではあるがベクトルを変えた叙述をする
なら、「一方」「他方」とすればわかりやすい。総括的なことを述べたい
部分では、「以上より」「このように」「これまで論じてきたように」な
どと文頭に付けることも多い。

　論文中で自身の主張や説明を裏付けるために注を有効に使いたい。史
料に基づく叙述を前提とする歴史論文は、注が比較的多くなる傾向にあ
る。しかしながら、論文が「史料の羅列」に終わらないためにも、史料
の削除を惜しんだり、部分的な側面の史料解釈に偏らないことが重要で

ある[7]。

　注を付するパターンとしては、(1)史料からの直接的引用の出典を示す、(2)史料からの間接的引用（要約）の出典を示す、(3)著者自身ではなく他人の意見の出典を示す、(4)本文中に入れると流れを妨げるが本文の理解を助ける補足やコメントを示す、などが考えられる。周知の事柄に対しては注をつける必要はない。注のスタイルには、脚注（各ページの最後に文献等を表記）と尾注（各章や論文の最後に文献等を表記）があるが、投稿規程で定められている場合はこれに倣う。

　引用は冗長にならない方がよいが、直接的な引用によって一定量の史料を提示しておく必要があるなら、本文から取り外して（引用文のみ段落を変えて）記載することができる。ある程度の長さの史料を提示する際、その引用文から導かれる筆者の解釈を加える必要があろう。文中に挿入できる範囲での直接引用は鍵括弧で「…」と括るのがルールである。引用文の原文中に鍵括弧がある場合は「…『…』…」と二重括弧で表記する。文意に影響しない範囲で引用文を部分的に省略する際には「…（中略）…」などと記号を打つ。引用文の原文に今日とは異なる表現が出てきたり、誤記らしき表現が見られる場合は、当該語句の上にルビのようにして（原文ママ）（ママ）と振っておくと誤解を招かずに済む。

　注の番号は直接引用なら鍵括弧の外側の右肩に「　」[1]などと付けるのが一般的である。史料を要約して間接的に引用するなら、引用が終わった時点での句読点の内側の右肩に"…[1]。""…[2]、"などと示す。

　引用元の文献を文献表などに表記するには、投稿先で定められたルールが存在すればそれにしたがうが、特にない場合には、著者・編者・監修者・翻訳者の名前、書名・論文名、出版社、出版年、引用ページなどの情報を書き入れる。ページの表記は、1ページのみなら「p.55」のように、複数ページにわたるなら「pp.50-55」などのように範囲を示す。書物全体のページを表す時には「465P」（全465ページの本）などと表記するケースもある。

　原則として、文献に関わるすべての情報を伝える必要があるが、同一

図1　図表のキャプション・出典のつけ方

の文献を複数回にわたって使用する際には、「小谷，同上書，p.30」「及川，上掲書，pp.21-29」などと省略表記することもできる。

　文中において、繰り返し使うとそれだけでスペースを要するような長い用語は、省略することも可能である。その場合、「国民体育大会（以下、国体と略称）」「第18回オリンピック競技大会（以下、東京五輪と略称）」などのように、本文中の初登場の箇所に以降の略称を明記しておくとよい。

　その他、バスケットボール競技の歴史的な出来事を表によって数量で示したり、図を掲載してビジュアルな側面からアプローチすることも、読者の理解を促すためには大切な工夫である。大学紀要や学会誌では、文字数制限はあっても図表の数を制限されることは稀である。しかし、例えば「図表は1点につき800字換算」などと投稿規程で定められることは多いので、図表を入れた結果、論文全体の文字数が上限を超過していないかどうか注意しなければならない。図表の挿入にあたっては、

図は下側にキャプションと出典を示し、表は上側にキャプション、下側に出典を示すのが一般的であろう（ただし、編集サイドでレイアウトを決める場合もある）。出典元の書物からまったく同じ図や表を転記する場合は、出典の部分に「…より転載.」などと明示し、少しでも加工を施したなら「…より作成.」などと書く方が誤解を招かずに済む。

　以上で解説してきた「執筆」に関する事項は絶対的なものではなく、あらかじめ念頭に置いた方がよいと思う内容を大まかに記述したに過ぎない。論文を投稿する先のルールを確認したうえで、執筆の段階に入ることを推奨したい。

　なお、一旦論文全体の執筆が済んだら、少し期間を置いて再度文章を見直す余裕を持ちたい。時間を空けて自分の文章を読むと、執筆にのめり込んでいた時には気が付かなかった不可解な言い回しや論文構成上の修正の必要性が見えてくることが多々ある。自身の文章をいくらか客観視できるようになるため、原稿を「寝かせる」という行程は思いのほか重要な意味を持つ。

＜注記及び引用・参考文献＞
1）谷釜尋徳（2010）大正期〜昭和前半期の日本におけるバスケットボールのシュート技術の変遷：中・長距離からのワンハンド・シュートの受容過程.　体育学研究，55（1）：1-16.
2）澤田昭夫（1977）論文の書き方.　講談社，p.156.
3）澤田昭夫（1977）論文の書き方.　講談社，p.154.
4）谷釜尋徳（2008）日本におけるバスケットボールの専用球の改良とそれに伴うドリブル技術の発達に関する技術史的考察.　スポーツ運動学研究，（21）：45-59.
5）谷釜尋徳（2008）日本におけるバスケットボールの専用球の改良とそれに伴うドリブル技術の発達に関する技術史的考察.　スポーツ運動学研究，（21）：46.
6）谷釜尋徳（2008）日本におけるバスケットボールの専用球の改良とそれに伴うドリブル技術の発達に関する技術史的考察.　スポーツ運動学研究，（21）：57.
7）岸野雄三（1973）体育史：体育史学への試論.　大修館書店，p.293.

最後に

(執筆責任者：谷釜尋徳)

　本書は、日本を対象としたバスケットボール競技史研究の方法論を解説するために編まれたものである。分担執筆という形式を採ったために、内容的に重複している箇所も見られるが、各々の著者の履歴をベースにして、研究に関わる手順と方法をなるべく平易に示すことに注力した。

　以下、概略を振り返ることにしたい。

【バスケットボール競技史研究の対象と領域】

　研究を行う上では、選んだテーマを解明することが今日のバスケットボール競技の実践現場にどのように貢献し得るのか（今日的意義）を追求しなければならない。また、バスケットボール競技史は、歴史学、スポーツ史学、バスケットボール学など複数の学問領域との接地面を有する研究分野で、一般研究領域と個別研究領域を内包している。

【テーマ設定】

　テーマ設定にあたっては、俯瞰的な時代認識の上にバスケットボール競技の歴史を位置づけて基礎知識を身につけることが先決である。次に、時代設定や史料の限定などを通してテーマを絞り込み、さらに先行研究の検討を経てテーマを決定するプロセスへと移行する。

【先行研究の検討】

研究のオリジナリティを担保するためにも、テーマに関する先行研究を収集し、従前の研究がどこまで明らかにしてきたのか、明らかにしていない部分（研究の余地）はどこなのかを正確に把握しなければならない。この作業を経て、詳細なテーマ設定が可能になる。

【史料探索と収集】

バスケットボール競技史研究（スポーツ史研究）の史料は、文献史料、準文献史料、非文献史料など多様であるが、それは一次史料と二次史料に分類される。史料探索の方法は論文検索サイトを有効利用すべきであるが、ネット検察には引っかからない史料があることを自覚し、関連機関の資料室等に直接出向くことも大切である。また、文献複写には遵守すべきルールが存在する。

【史料の整理】

収集した史料は一定の考え方に基づいて整理しなければならない。一般的な手法として「カード作り」があるが、カードの作成や分類にあたっては、バスケットボール競技史の時代区分に精通し、史料そのものの性質を理解しておく必要がある。

【史料批判】

史料を有効に活用するには、史料批判を経ることが不可欠である。まずは、史料そのものの真偽を問う外的批判、次いで史料の記述内容を他の史料と突き合わせて真偽を見抜く内的批判を通じて史実を確定させる。

最後に

【解釈】

　史料はそれを活用する側の語り掛け方によって、様々な史実を現わすことになる。史料が提供する多くの情報をいかに拾い上げていくのかが重要で、その解釈が不十分なら史実の誤認を生じてしまう可能性さえある。

【執筆】

　バスケットボール競技史研究に特有の執筆上の決まり事があるわけではないが、学術論文として研究成果を世に問うためには、概ね共通した作法が存在する。ただし、原稿の分量や注の付け方など、テクニカルな部分は投稿先のルール（投稿規定など）に則る必要がある。

　バスケットボール競技史を含む歴史学の研究は、史料を介して過去の現象が紐解かれる。したがって、せっかく興味深いテーマを設定しても、それを裏付ける史料が見つからずに結局は研究が成立しないケースは十分にあり得る。また、先行論文が手を付けていない領野を発見したものの、それは史料がないために研究できなかったのだ、と、後になって気がつくことも少なくない。

　一方で、他の研究者がギブアップしたテーマでも、別の史料を用いたり、視点をずらすことによって研究成果を書き上げるレベルまで到達する可能性もある。

　研究にまつわる失敗も成功も、自分で納得いくまで取り組まなければわからない。どこまでそのテーマにのめり込むべきか、その判断の線引きは極めて難しいが、特に大学院生には時間と労力を惜しまずにどっぷりと「深入り」してほしい。たとえ徒労に終わっても、その経験は次なる研究テーマに取り掛かる際の糧となるに違いないからである。

　また、ベテランの研究者には釈迦に説法として放念いただきたいが、

101

若手の研究者に向けては、他者から助言を求めることの重要性を訴えたい。年長者の助言はもちろんのこと、自分よりも経験の浅い研究者や、場合によってはまったく異なる分野の人物からの素朴な疑問が研究を進展させる大きなヒントになったりするものである。さらには、バスケットボール競技を扱っているのだから、現場のコーチやプレーヤーの発想も拾い上げない手はない。

　最後に、本書が提示する「ハウツー」は絶対的なものではなく、本書の内容をバスケットボール競技史研究のスタンダードにしたいと目論んでいるわけでもない。研究活動に一定の作法があることは事実だが、本書を踏み台にしてより効果的な研究法を確立すべく議論が活発化する日を待ちたい。

著者からのメッセージ

及川佑介

　私は岩手県北上市で幼少期を過ごした。周囲にはスポーツを行える環境があり、小学生の時は、地域のクラブチームや学校の課外活動で野球、サッカー、競技スキー、陸上などを行っていて、その中でもバスケットボールは一番遅くにはじめ、小学6年生になる前の春休みからであった。その理由は、通っている小学校のバスケットボールチームがスポーツ少年団と称する課外活動のみであり、バスケットボールは人気があったので、小学6年生になる直前でしか入ることが出来なかった。自身も含め、チームのみんながバスケットボールの初心者の集まりであったが、夏には東北大会に出場し、冬には全国大会のベスト8まで勝ち進んだ。その時の経験と思い出（喜び、楽しさ）が現在もバスケットボールに携わっている原動力になっているように思える。

　中学または高校の保健体育の教員になりたいと思ったのが中学1年生の時であった。おそらくはじめは部活動での指導をしたいということが先行していたように記憶する。だから、バスケットボールのコーチをみるたび、子どもながらに観察をしていたことは覚えている。

　保健体育の教員になりたいと思いを抱きながら、大学は東京にある国士舘大学体育学部に進学し、バスケットボール部に入部したが、田舎者であった私は様々なことで驚きを受けた。東京は人が多く、電車は数分間隔で来るにもかかわらず、周囲の人らは急いで電車に乗ろうとしている。同じ日本語なのに発音や使う言葉が全く違う。バスケットボール部の寮に入ったが隣の部屋に住んでいる先輩は侍のような髪型をして授業

には全く出ず、部活動とゲームはまじめに行っている。そして、バスケットボール部は当時、関東リーグ3部であったにも関わらず、自分と同じポジションの先輩をみると身長が190cmで動けてダンクシュートを当たり前のようにしていた。東京というところは何というところだと、全てのことでカルチャーショックを受け、部活動を続けていくことが出来るのかと考えたが、教員になって部活動の指導を行った時に、試合に出られず悔しい思いをする人の方が多いことに気づき、自らもその経験をすることは良いことであるという思いに至った。

　小学生から大学生までバスケットボールを続け、十数年間、生活の中心はバスケットボールであった中、バスケットボールを通じて友達や人と出会い、楽しさ、喜び、悔しさ、怒りなど、多くの感情を抱くことが出来たことは、生きた教育になっていたのだと感じる。しかし、当時（大学生の時）、一つ心残りがあった。それは、本気になって勉強をしてみたいということであった。その時に、目の前には自らの大学卒業と同時に開設される国士舘大学大学院スポーツ・システム研究科があった。

　大学院には当時、コーチングとトレーニングと教育の三つのコースがあり、私は自然科学（理系）であるコーチングコースを第一志望として受験をしたが、合格したのは第二志望の人文社会科学（文系）の教育コースであった。つまり、いきなりの挫折である。合格発表の掲示をみて落ち込んでいる同じ境遇にあった者がもう一人いた。彼は後に某大学の職員として働く者である。勉強しようと意気込んで大学院に進んだが、希望していたコースとは違い、高校時代に理系クラスであった私は、文系にまわったというショックは大きく、念願の大学院に進んだが、はじめの半年間は、同じ境遇にあった彼と二人でさぼり、ゼミでは課題の提出をいつも白紙で出していた。

　大学院に入り、半年が経った頃、現実を受け入れはじめ、ゼミの指導教員である山本徳郎先生の話を聴いていると、目の前にいる体育の教員が感じた時のない観点でものを話し、良い意味で体育の教員らしからぬ発言をしていたのである。大学の教員というのは、こうした自由さを持

著者からのメッセージ

ち、発言をして、教育に研究に向き合うことが出来るのだと衝撃を受けた。そのゼミの後、それまで課題を白紙で出していた者が指導教員に、「私、山本先生と同じ仕事（大学の教員）をしたいです」と話したことが、研究に向き合いはじめたきっかけであった。

　研究をはじめたが、何からはじめて良いのかがわからず、先行研究や日本バスケットボール協会の50年史をみてみたが、何度読んでも頭に入らないように感じた。そこで、史料収集を第一優先にして、朝や夜の空いている時間で集めた史料を読む作業からはじめた。史料収集といっても研究として決まっていることは、バスケットボールの歴史研究を行うことだけであったので、どの年代の史料を集めれば良いのかもわからなかった。その時に思い付いたのが、集められるだけの史料を全て集めてみることであった。各大学の図書館や市の図書館、博物館など、史料収集の仕方がわからなかったが動かなければ集めることは出来ないと思い、手当たり次第に集めた結果、10月頃から3月までの間に、400点〜500点の史料が集まった。その史料は6畳一間のアパートの部屋にあったので横になるスペースがほとんどなかった。

　当時、生活費と史料収集に必要なお金はアルバイトで稼いでいたため、一日の生活のサイクルは、日中に授業を行い、授業の合間や夕方から史料を読み、約3時間の睡眠をして、深夜1時30分からアルバイトを開始、朝に1時間半の仮眠をして授業に行っていた。従って、アルバイトがない日や週末を利用して史料収集をしていた。

　わからないことは史料収集のことだけでなく、史料を読むこともわからなかった。明治期から昭和初期の文献を読んではカード作りをする作業であったが、明治期のものは何が書いてあるのかがわからないし、昭和初期のものでも文章の質が現在とは違っているため、理解するのに時間がかかった。わからないことはそれだけでなく、当時、パソコンが一般化しはじめた時期であり、パソコンの使い方から覚え、その練習をするという状況であった。だから当時は、キーボードの操作を利き手の人差し指のみで行っていて、手書きした方が早いと思うほどであった。

105

そうした状況であったことから、指導教員だけに全てを教わることは不可能であった。私を含め、研究について何もわからない多くの院生に、一つひとつ丁寧に教えてくれた当時の大学院助手の田簑健太郎先生（現・流通経済大学教授）の存在がある。院生の時、田簑健太郎先生と研究の話をしなかった時はないくらい、お世話になった方である。私だけでもあれだけの時間を費やしてくれたことを考えると、大変な思いをされたといえる。例えば、国際学会のISHPESが2002年に石川県金沢市で行われた際、田簑健太郎先生に車で連れて行ってもらった時がある。東京から車で向かったので、かなりの時間がかかった中、行きも帰りも、修士論文の話しをずっとしていた。特に、帰りの車中では、私が修士論文の構成についての考え方を全く理解出来ず、同じような質問を何度も何時間もした結果、東京に到着するあたりに、目から鱗が落ちるとはこうした感覚のことだという程の実感をして、到着するなり、修士論文の目次を作成して、すぐに指導教員に連絡したことを覚えている。

　以上のように、はじめての論文作成で、先生方や友人などに助けられながら行えた時間は、貴重で充実したものであった。特に、修士論文の提出まで半年という頃、院生のみんなが学校に泊まり込み研究を進め、息抜きの時間に友人らと話しをしたり、フットサルをしては、再び、机に向かっていた。そうした中、眠る時間がもったいなく感じた私は、食べている時は眠らないということに気づき、何かを食べながら研究を行うという方法を実践した。すると、修士論文提出までの６ヵ月間で体重が30kg増加し、修士課程の修了式ではスーツのウエストを締めることが出来ずに出席して、式中にスーツのパンツが30cmくらい破けてしまった。眠らないために食べ続けて論文をすることはお勧めできない方法であるが、今思えば、良い思い出である。

　修士課程修了に合わせて、博士後期課程が設置されたことでそこに進学した。博士後期課程２年の夏休みを利用して、博士学位論文の方向性が人物史研究になったことから、その人物の舞台である兵庫県神戸市に約１ヵ月間アパートを借りて史料収集を行った。その人物が所持してい

著者からのメッセージ

た書籍等が保管されている芦屋市立図書館をはじめ、兵庫県バスケット
ボール協会や神戸市役所、神戸高等学校等での調査、その人物を知る人
らにインタビュー調査を行った。神戸市に出発する前の準備段階で、イ
ンタビュー調査を行いたいと思っていた一人が、株式会社アシックスの
会長を務めていた鬼塚喜八郎氏であった。大学院生であった当時の私は、
どのようにしてインタビュー調査の依頼をして良いのかがわからず、株
式会社アシックスの本社に電話をしてインタビュー調査について秘書の
方に話したのだが、こうした手順で話しは通るわけはなく、その後、返
信がないまま、神戸市に調査へ向かった。

　神戸市での約1ヵ月間の調査で100人以上の方にお世話になったと思
う。兵庫県バスケットボール協会の関係者、国際審判員を務めた山戸英
夫氏などの協力により、株式会社アシックスに連絡が行き、鬼塚喜八郎
氏とのインタビュー調査が実現することになった。2004年に開催された
第28回オリンピック競技大会（アテネ）の聖火ランナーのため、出発前
で神戸市に来ていた鬼塚喜八郎氏にインタビュー調査を行った。約45分
間のインタビュー調査では、スポーツ界に情熱を持って携わった鬼塚喜
八郎氏の生き方と関係してきた人物のことなど、教えて頂くことが出来
たことは貴重な時間であったとともに、どうにかして論文や書籍の中で、
スポーツ界・バスケットボール界で尽力された方々を知らせたいと感じ
た。

　博士後期課程に進んでからは、深夜のアルバイトではなく、中学校や
高等学校で保健体育の非常勤講師を行いながら論文を行った。その時に、
中学校や高等学校でバスケットボール部の部活動で指導をはじめること
になった。特に高等学校での指導では、後にプロプレーヤーになる者や
国体選手がチームにいて、チームレベルが高かったこともあり、練習の
時間やその準備、マネジメントなどに費やす時間が多く、思うように論
文の時間がつくれず、机に向かっても全く進まない時が幾度もあった。
はじめて理論と実践を両立する難しさを実感した時でもあった。

　博士後期課程の三年間では博士論文を提出出来ず、指導教員の山本徳

郎先生は、退職する年齢になってしまった。それから山本徳郎先生は週に一度、自宅の関西から東京に出てこられて、私と勉強会をすることが博士論文を完成するまで毎週続いた。勉強会の時間を計っていたわけではないが、いつも勉強会の時間は二時間であった。そして、課程博士として論文を提出出来る期限ぎりぎりで完成することが出来た。

　論文を書くのは個人で行うことであるが、上記したように、指導教員、大学院助手の先生、院生の仲間、史料収集に関わってくれた方々など、多くの方の協力がなければ完成することは出来なかった。お世話になった人に「感謝」、これから出会う人にも「感謝」して、バスケットボールの理論と実践を追求して行きたいと思う。

著者からのメッセージ

谷釜尋徳

　私がバスケットボールをはじめたのは中学生からである。小学生まで
は野球少年であったが、進学した中学校には野球部がなかった。ちょ
うどその頃、漫画『スラムダンク』（『週刊少年ジャンプ』にて1990〜96
年に連載）が空前の大ブームを巻き起こし、1992年のバルセロナ五輪で
NBAのスター軍団"ドリームチーム"が華々しく活躍した時代である。
幼心に「かっこいい！」と感じた私は、中学の部活動としてバスケット
ボール部を選んだ。ちなみに、当時憧れていた『スラムダンク』のキャ
ラクターは、陵南高校の仙道彰。県大会で敗退したものの、全国屈指の
能力を持ち190cmの上背でポイントガードもこなす仙道をまともに止
められるプレーヤーはいなかった（という設定であった）。

　中学生時代、何度か代々木第二体育館に大学バスケットボールを見に
足を運んだ。この場所が1964年の東京五輪でバスケットボール競技のメ
イン会場だったという歴史的な認識はまったくなかったが、薄暗い館内
にバスケットボールコート一面が照らし出される情景は"聖地"の感を
抱かせるものがあった。日本人のダンクシュートを初めて生で見たのも、
代々木第二体育館のウォーミングアップだったと思う。当時の大学バス
ケットボールの黄金カードは、日体大 vs. 日大戦。毎回のように手に汗
握る接戦が繰り広げられ、中学時代の私は「NBAよりこっちの方がは
るかに面白い…。」と密かに思っていた。自分が大学に入学し、代々木
第二体育館のコートに立った時は、人知れず感激をおぼえたものである。

　日体大時代はベンチメンバーには辛うじて選んでいただいていたもの

の、レギュラーを勝ち取ることができなかった私に、卒業後のトップリーグのプレーヤーの道は全く閉ざされていた。おぼろげながら、将来像として高校の保健体育の教員を思い描いていたが、周囲の勧めもあって大学院の博士前期課程（修士課程）への進学を志すことになる。

　大学院ではスポーツ史の勉強をすることにした。たしか、最初に読んだのは岸野雄三先生の「日本人の遊び—その伝統と現代—」（『新体育』43巻8号、1973年）という論稿であった。日本人のスポーツ史の源流には「遊び」の伝統があり、その主な担い手は、古代は貴族、中世は武士、近世は庶民、近代は市民へと推移してきたことが書かれていて、恥ずかしながら「スポーツ＝近代スポーツ」だと漠然と考えていた私はカルチャーショックを受けた。

　大学院の時分、バスケットボールを研究対象にしようと考えたことはなかった。その理由は、バスケットボールの歴史はすでに諸先生方による蓄積があったため研究の余地がないと感じたこともあるが、何よりずっとプレーしてきたバスケットボールを「研究する」ということ自体がいまいちイメージできなかったからであろう。

　修士論文のテーマは『近世後期における江戸町人の旅に関する史的考察—近世日本における江戸庶民の娯楽史に関する研究の一環として—』である。近世の江戸町人の旅を「娯楽」という視点から研究する内容であったが、スポーツ史の領域では日本近世史の研究があまり進展していなかったこともあり、未開拓の分野に挑戦している実感も手伝って、私は近世のスポーツ史の勉強にのめり込んでいった。修士課程の2年間、高校のバスケットボール部のコーチを経験したが、バスケットボール競技の本格的な勉強はほとんどする機会がなかった。近世史の研究が面白くなったため、そのまま博士後期課程に進学することにした。

　博士課程でも引き続き近世の旅行史研究に没頭した。史料蒐集も比較的順調に進み（今振り返ると見落としが多いが）、自分なりの研究手法もひねり出しながら実力不足も顧みずに学内紀要や学会誌に論文を投稿するようになる。

著者からのメッセージ

　その頃、金子明友先生の『わざの伝承』（明和出版、2002年）が上梓され、勉強会でこの本を輪読することになった。私の勉強不足が災いして難解なイメージが払拭できないまま終わってしまったが、精密科学的な運動分析ではなく、コツやカンといった運動感覚の世界を研究の俎上に乗せる「スポーツ運動学」という学問に触れるきっかけとなった。翌年には同じく金子先生の『身体知の形成（上下巻）』が刊行され、その中に出てきた「技術力」「戦術力」に関わる項目を読んで、バスケットボールとスポーツ運動学との関わりに興味を持つようになった。それまで、スポーツ運動学は体操競技をはじめ個人種目向けの学問分野だと考えていたが、攻防のプレーヤーが入り乱れるバスケットボールにおいても、技術的、戦術的な側面は運動学の研究対象に含まれることが何となしに理解できたからである。

　博士学位論文は『近世後期における江戸庶民の旅に関する史的研究—江戸近郊地の庶民による旅との比較を中心として—』という標題で提出した。論文を提出してから修了までの間に、それまで半ば趣味で集めていた史料を使って、はじめてバスケットボール競技史の論文を書くことにした。スポーツ運動学に多少の関心があったことから、無謀にも技術史の領域を選び、「日本におけるバスケットボールの専用球の改良とそれに伴うドリブル技術の発達に関する技術史的考察」というテーマでまとめた。この論文は、『スポーツ運動学研究』（21号、2008年）に掲載されているが、査読の段階で「この論文の成果が今日の実践現場にいかに寄与するかを追記するように」という趣旨の指摘を受けた。執筆した当時、バスケットボールの指導現場にそれほど興味がなかったので、論文を修正するのに苦労したことが思い出される。

　執筆にあたっては、修士課程の頃に助手としてご指導いただいた福井元先生の「高校野球界における金属製バットの導入と技術・戦術の変容—昭和40年代以降の甲子園大会を中心に—」（『スポーツ史研究』15号、2002年）を下敷きにしようと試みた。高校野球のバットの変遷が技術、戦術、さらには練習法まで変えていくことをスコアブックから紐解

111

いた希有な研究である。

　博士課程修了後、東洋大学に奉職した。一般教養科目の教員（スポーツ健康科学分野）という立場なので、講義だけではなく実技科目も担当することになり、否応なしに以前よりも指導現場に関心を寄せる環境が出来上がっていく。着任して１年半が経過した頃、体育会バスケットボール部（女子部）のコーチを引き受けることになった。女子部は大学内の強化対象にはなっていないので、人数も少なく、当時の部員には全国大会経験者は一人もいなかった。

　ここで大きな壁に突き当たることになる。一生懸命に教えているつもりでも、試合にはまったく勝てず部員も辞めていく。まさに負のスパイラルに陥っていた。この時期は、自分が大学時代に学んだことは何だったのか、と自問自答しつつも、近世史の勉強の傍らバスケットボールの指導書を読み漁る日々を送り、他大学の監督にも積極的に教えを請いに出向いた。読んだ本の中でも、生意気にも共感を覚えたのが吉井四郎先生の一連の著作である。その秀逸な理論もさることながら、バスケットボール競技の本質を過去の世界に探り再構成していく語り口が私を虜にした。

　振り返れば、当時の興味関心から「バスケットボールにおけるトランジション・ゲームの有効性について」（『東洋法学』55巻１号、2011年）、「バスケットボールにおけるトランジションに関する研究—ファスト・ブレイクに対するディフェンス・トランジションに着目して—」（『スポーツ運動学研究』24号、2011年）といった歴史研究以外の論文も執筆している。いずれも攻防のトランジションを取り上げた内容である。

　内山治樹先生のバスケットボール関連の諸研究からも大いに勉強させていただいた。一見して自明のように捉えられているバスケットボールの原理原則を「深層」に切り込んで追求した数々の論文は、「バスケットボール学」の構築に向けて間違いなく中核を担う研究成果であると思う。

　平成26（2014）年に日本バスケットボール学会が設立され、バスケッ

著者からのメッセージ

トボールに興味を寄せる日本の研究者らが、専門諸学の枠を超えて一堂に会する場が生まれた。学会の設立に刺激を受けて、「バスケットボール学」の構築に微小なりとも参画したいというやや先走った思いから執筆した試論が「バスケットボールの技術史研究に関する一考察」（『バスケットボール研究』1号、2015年）、「近代日本におけるバスケットボール研究の発展史」（『バスケットボール研究』2号、2016年）である。

　このように、私の　バスケットボール競技史研究は、その動機やウェイトの置き方からして、本書の他の執筆者諸氏と比べれば専門性に欠けているといわねばならない。また、興味関心が技術史・戦術史の領域に限定されてきたことから、本書における記述もいささか視野の狭い内容にとどまってしまったと反省している。

　しかし、誤解を恐れずに言えば、スポーツ科学の研究は「実践の学」であって、その一専門諸学を担うスポーツ史の研究も「人間の運動」から離れては存在し得ないのではないか。バスケットボールを「する」人がいてはじめて観客が「みる」という行為が成立し、「ささえる」人の存在も成り立つ。したがって、バスケットボール競技史研究もプレーヤーの「動き」が中核を占め、その周縁を用具や制度などといった問題圏が取り囲んでいる、と思うのはあまりに自分勝手であろうか。

　ともあれ、バスケットボールの研究者の中で、歴史研究を志す者は依然として少数派である。数の増加が目的ではないが、歴史研究にはそれ相応の意義があり、競技の本質に迫りうるアプローチも可能であることが理解されれば、この分野が活性化し未知の領域が開拓されていくと信じたい。

著者からのメッセージ

小谷　究

　1993年、中学1年の夏に、私は父の転勤で石川県から東京の千代田区立麹町中学校に転校した。学年途中の転校であることから麹町中学校では既に友達グループができており、転校生である私は友達を作ろうと必死であった。当時はスラムダンクやドリームチームの影響で空前のバスケットボールブームの最中であり、少なくとも麹町中学校の男子は休み時間も放課後もバスケットボール競技に明け暮れていた。それまではバスケットボール競技に見向きもしなかった私でしたが、友達を作るには周りの男子と一緒にバスケットボール競技をプレーするしかなかった。ところが、いざプレーしてみるとバスケットボール競技の楽しさにどんどんのめり込んできき、純粋にバスケットボール競技を楽しむようになっていた。そして、バスケットボール競技を通して友達も作ることができた。私をバスケットボール競技へと導いてくれた麹町中学校の仲間達には本当に感謝している。

　さて、バスケットボール競技が楽しくて仕方なくなると、今度はより高いレベルで練習し、上手くなりたいと考えるようになり、東京の強豪校であった京北高校に一般受験で入学した。京北高校の同期には佐藤健介という名プレーヤーがおり、その他にもスポーツ推薦で入学してきた勝又秀樹や鈴木崇生、高橋元気、高橋大輔といった能力の高い同期がいた。当時スポーツ推薦のメンバーは田渡優先生の指導を受け、一般受験で入学したメンバーはアシスタントコーチの一万田雄三先生に指導を受けていた。私のバスケットボール競技の基礎は一万田先生から指導して

115

いただいたものである。京北高校に入学して1年が経とうとしていた頃、監督の田渡先生から「プレイングマネージャーをやらないか」と依頼を受けた。当時の私にとって最も怖い存在であった田渡先生からの依頼でしたし、プレーができるのであればということで引き受けることにした。しかし、その日以来、私は一切プレーをさせてもらえなかった。つまり、私は高校1年にしてバスケットボール競技を引退し、マネージャーとしてバスケットボール競技に関わっていくことになった。田渡先生は、マネージャーが私の強みを最大限に発揮できるポジションであると見抜いていらっしゃったのでしょう。しかし、「上手くなる」という目標を失った私は、ただ与えられた業務をこなすだけの生活を過ごしていました。そんななか、招待試合の新潟カーニバルで大会の主管校である新潟工業高校マネージャーの近藤沙織氏に出会った。近藤氏は一高校のマネージャーでありながら何十校も集まる日本最大の招待試合を実質的に仕切っていた。与えられた業務をこなすだけの生活を過ごしていた私にとって、その仕事ぶりは衝撃的であり、近藤氏から仕事は自分で作り出すものであることを教わった。その頃から、新たに「日本一のマネージャーになる」という目標を持つようになった。同期には能代工業高校の前田浩行（現・日本協会）という優秀なマネージャーがおり、「前田には負けたくない」という気持ちをいつも持ってマネージャー業に励んだ。田渡先生はマネージャーに練習の管理という役割を与えており、練習はマネージャーの指示のもと進められた。ここで、私はコーチとしての基礎を固めることができたものと考える。私のコーチとしての現在があるのは、マネージャーへと導いてくださった田渡先生のおかげである。

　高校を卒業後、日本体育大学に進学した私は、そこでもマネージャーを務めさせていただいた。日本体育大学の監督である清水義明先生には2人の息子さんがいるが、私のことを「三男坊」だと大変可愛がってくださった。そんなこともあって、清水先生は大学卒業後に実業団でのマネージャーを希望していた私を引き止め、大学に残した。大学卒業後は

著者からのメッセージ

日本体育大学保護者会事務局というところで事務局員として働きながら
日本体育大学男子バスケットボール部のアシスタントコーチを務めるこ
とになった。バスケットボール部のコーチにはやりがいを感じていたが、
保護者会事務局の仕事にはなかなかモチベーションが保てず、業務の時
間が苦痛でしかなかった。そんななか、学部時代に同期であった院生た
ちが楽しそうにしているのを見て、「大学院に行けばコーチも続けられ
るし、今よりも楽そうだ」と考え、翌年に日本体育大学大学院を受験し、
修士課程トレーニング科学系（自然科学系）のコースへと進学した。こ
のように、私の研究への道は「コーチを続けられ、今よりも楽そうだか
ら」という理由でスタートした。大学院に進学したものの、研究をした
いという意欲が全くなかったことから、研究テーマも決まらず、指導教
官も決められず、定年まで1年しかない石川県出身の先生に同郷とい
うことで引き取っていただいた。大学院の授業で学ぶ運動生理学やバイ
オメカニクスなどはバスケットボール競技のゲームや練習、指導に役立
つものが多く、授業は積極的に受けていたように記憶している。授業の
おかげで、指導することがより楽しいものとなった。修士1年目は授業
には出ていたものの研究への意欲は高まらなかった。引き取っていただ
いた先生の研究室にも顔を出さず、研究室の先輩から何度も連絡がきた。
本当に不良院生だった。大学院に入学し1年が経過しようとする頃、私
を引き取ってくださった先生の定年が迫り、新たな指導教官を決めなけ
ればならなくなった。同時に、修士論文を執筆するために研究のテーマ
を設定する時期も迫っていた。私はコーチとして対戦チームのゲームの
映像を見てスカウティングをしていたことから、バスケットボール競技
の映像を分析することであれば少しは興味を持って研究を進めることが
できるだろうと考え、修士論文ではバスケットボール競技のゲーム分
析をすることにした。ところが、当時は「アナリスト」なんて言葉もほ
とんど使われておらず、ゲーム分析をしたいと言っても、どの先生も嫌
がって私を受け入れてくれなかった。私の研究に対する意欲が低かった
ことも受け入れを拒まれた大きな理由としてあるだろう。そのようなな

117

か、運動生理学が専門の山田保先生が救いの手を差し伸べてくださり、山田先生の元でゲーム分析を行うことになった。山田先生は運動生理学が専門なので、研究を進めるにあたってはバレーボール日本代表チームの分析を担当し、私の学部時代の担任であった伊藤雅充先生にも協力していただいた。大学院修士課程修了後はコーチを続けるために博士課程への進学を希望し、受験には合格したものの、博士課程で指導していただく予定の先生からゲーム分析で博士論文を執筆することは無理だと言われ、博士課程進学を断念した。修士課程修了後は日本体育大学バスケットボール研究室で3年間の期限が付いた助教を務め、助教になった年の冬からバスケットボール部のヘッドコーチを務めた。助教をしていた3年間は全く研究に手をつけなかった。この間に、私は結婚し、子供も生まれ、家庭を持つことになった。大学でコーチを続けるために大学の教員になることを希望していたが、大学教員への道は非常に狭く、オリンピアンでもない、修士号までの学位しか取得していない私を大学が採用することはなかった。やはり、大学教員になるためには最低でも博士号の学位を取得する必要があった。しかし、当時はゲーム分析で博士論文の執筆はできないとされていたことから、学部時代から同郷の私を可愛がってくださった石川県出身の谷釜了正先生に相談した。谷釜了正先生は、すぐに「私のところで博士論文書きなさい」と言ってくださった。谷釜了正先生の専門分野はスポーツ史であり、自然科学系のコースで修士論文を作成した私の分野とは大きくかけ離れていたが、助教の期限が迫ってきており、私には他に博士号の学位を取得する方法は残されていなかった。さらに、谷釜了正先生はバスケットボール競技をやられていたので、先生の元でならバスケットボール競技を対象に論文を書くことができると考え、博士課程へと進学することにした。つまり、私の研究再開の動機もまた「コーチを続けるため」であった。バスケットボール競技の研究をする目的としては、競技現場の課題や疑問を解決することなどが理想になるだろうが、当時の私にとって研究はコーチを続けるための手段でしかなかった。

著者からのメッセージ

　さて、博士課程への受験を決めた私は、受験に際して研究計画書を提出するために研究テーマを設定する必要があった。しかし、私は修士課程においてゲーム分析を行っていたことから、スポーツ史の研究方法について全く理解していなかった。そこで、研究テーマは谷釜了正先生が設定してくださった。先生は、私が英語を苦手としていること、中学時代からバスケットボール競技に携わっていたこと、修士時代にゲーム分析をしており戦術に興味があったことから「日本のバスケットボール競技における戦術の変容過程に関する研究」というテーマを設定した。研究テーマも、競技現場の課題や疑問などから設定されるのが理想になるだろうが、私の研究テーマは私の興味・関心に結びつけられて指導教官によって設定された。おそらく、この研究テーマでなければ私は現在まで研究を続けることができなかっただろう。研究テーマが、私の興味・関心に強く結びつけられていたことは研究の継続において大変重要な要素であった。

　博士課程へと進学し、研究を再スタートしたものの、修士課程でスポーツ史の基礎を学んでいない私は、谷釜了正先生の指示通りに研究を進めた。まず、1945年以前に日本で発行されたバスケットボール競技の書籍及び雑誌をリスト化した。その後、リストにあげられた書籍と雑誌、つまり史料の収集にあった。収集にあたっては、史料を絶対に目にすることにこだわった。このこだわりが私のどこからくるものなのか未だに理解できていないが、私のこだわりに快く付き合ってくださったのが日本体育大学の図書館員の方々だった。図書館員の方々のサポートがなければ私は博士論文を書き上げることができなかっただろう。書籍情報が明確になっていないものも丁寧に検索してくれ、私が探し当てることができなかった史料の所在をいくつも見つけ出してくれた。また、バスケットボール競技史の大家である水谷豊先生や富山大学の大川信行先生、本書の執筆者である及川佑介先生、谷釜尋徳先生からも数多くの史料を提供していただいた。図書館員の方々や先生方の協力のおかげで、私は1945年以前に日本で発行された確認できる限りの史料を所有できてい

119

る。史料を収集した後は、それを読み込み、研究に必要な記述の部分をコピーし、図のようなカードを作成した。歴史研究者の史料整理の方法は様々だが、谷釜了正先生はカードを作成して整理する方法を推奨した。ただし、図のように綺麗に整えられたカードの書式までは先生も考えていなかっただろう。図のカードの書式は谷釜了正先生と共に私の論文を指導してくださった佐野昌行先生が作成したものである。史料を縮小

京大の3連覇成らず
芦田伸三（1940）アサヒ・スポーツ、18（1）：23

著者からのメッセージ

コピーし、それを適当な大きさに裁断して、カード台紙にのりづけする作業をひたすら繰り返した。博士課程に入学してから3年が経過する頃には　カードの枚数が1万枚を超えていた。私が博士課程に入学してから3年間は史料収集と史料の読み込み、カード作成で終わってしまった。つまり、私は3年で博士課程を修了することができなかったのだ。しかし、4年目以降、このカードがその威力を発揮した。作成したカードをキーワードごとに分けていくと、キーワードごとのカードの束ができる。この束の内容で、一つの論文の大筋が決まるのである。このカードのおかげで、内容の良し悪しは別として複数の論文を執筆することができた。そのカードは現在、1万3千枚を超えている。

　論文の大筋が決まると、史料批判、解釈、執筆へと移行していくのであるが、この時期から研究自体が楽しくなり、研究がコーチを続けるための手段ではなくなった。そうなると研究がやめられなくなり、寝ても覚めても研究ばかりするようになった。家族で出かけた温泉では、妻と娘達が温泉に入り、私は温泉に入らず、休憩室で史料を読み込んだ。ディズニーランドでは妻と娘達を乗り物に乗せ、娘達のために積極的にパレードの場所取りをする父親を装って、隠し持ってきた論文を読んだこともあった。夢の世界で、論文に夢中になった。それでも、競技現場の課題や疑問などから各論文のテーマを設定することはできなかった。カードを眺めながら、史料が揃っていて論文としてまとめられそうな内容から各論文のテーマを導き出しているのが私の実際である。だから、毎回、論文の緒言部分の執筆に困ってしまうのだろう。博士論文の最終発表では、私のテーマ設定方法の欠陥を露呈することになった。学問は客観的には時代の要請に基づいていることから、研究者は時代の要請に基づいた理由を用意しておく必要があるが、私は博士論文の最終発表において、フロアからの「なぜ、研究のテーマとして戦術を選んだのですか」という質問に対して「かっこいいから」と答えてしまった。その後、会場が変な空気になったことを今でも鮮明に覚えている。現在に至っても競技現場の課題や疑問から各論文のテーマを設定することはできてい

121

ない。それでも、研究を進めるなかで現在の競技現場を理解することができる事柄が明らかになることもある。結局、私は博士課程を修了するまでに5年をかけてしまった。現在は、研究を始めた頃とは異なり、新たなことが明らかになること自体を楽しんで研究に取り組んでいる。また、競技現場の課題や疑問などから論文のテーマを設定できるようになりたいとも思っている。さらに、研究成果がバスケットボール競技の現場で何かしらの役に立つことを願うようにもなった。ただし、研究をする目的のなかに、業績を作ることがないといえば嘘になる。大学の教員として、研究をして業績を作ることも重要である。そして、現在も大学でコーチを続けることができている。これが私の実際である。全てのバスケットボール研究者が、最初の一歩を志高く踏み出しているわけではない。コーチを続けるためやバスケットボール競技に関わり続けるために大学院進学や研究を始めることを迷っている人が、私の実際を知ることで研究者としての一歩を踏み出してもらえれば幸いである。私が専門とするバスケットボール競技史研究は、自然科学系の研究とは異なり大勢で実験をしたりすることもなく、一人で黙々と史料に向き合うしかない地味な作業である。しかし、一人でできるメリットも多くある。歴史研究では、被検者や共同研究者とスケジュールを合わせるといったことがないため、多くの作業を好きな時に好きな場所で進めることができる。バスケットボール競技のコーチ業が忙しい人でも歴史研究であればコーチ業の合間をぬって進めることができるだろう。研究分野を迷っているコーチには、是非、バスケットボール競技史研究を検討してもらいたい。

付　録

【主なバスケットボール競技史参考文献】

本構成は以下の基準によっている。

1．収集範囲は2017年までに日本で刊行されたものである。

2．論文は著者（発行年）題目．雑誌名：ページの順で記載した。

3．書籍は編・著者（発行年）書名．発行所：発行所所在地の順で記載した。

［論文］

堀本宏（1968）バスケットボール発達史についての研究．中京女子大学紀要，
　　（4）：21－38.

日和三千男（1971）創成期のバスケット・ボールについて：特に競技規則に
　　ついて．上智大学体育，4：1－16.

辻村恂（1972）バスケットボール競技における競技規則の変遷が得点に及ぼ
　　す影響について．日本大学人文科学研究所研究紀要，（14）：95－112.

水谷豊（1975）バスケットボールの歴史に関する一考察．中京女子大学紀要，
　　（9）：93－103.

水谷豊（1975）バスケットボールの歴史に関する一考察2（内木玉枝総長追悼
　　号）．中京女子大学紀要，（10）：17－23.

輿水はる海（1976）女子バスケットボールの史的考察（1）．東京体育学研究
　　（3）：6－9.

水谷豊（1977）バスケットボールの歴史に関する一考察3草創期の女子バス

ケットボールについて．青山学院大学一般教育学部会論集，（18）：143－
149.

興水はる海（1978）女子バスケットボールに関する研究（2）．お茶の水女子
大学人文科学紀要，（31）：83－105.

谷釜了正（1978）「球篭遊戯」から「バスケット，ボール」へ．日本体育大学
紀要，（7）1－11.

堀本宏（1978）バスケットボール競技規則の変遷と背景について．中京女子
大学・中京女子大学短期大学部紀要，（13）：83－87.

水谷豊（1978）バスケットボールの歴史に関する一考察4創案者 J.A.Naismith
略伝．青山学院大学一般教育学部会論集，（19）143－149.

岡三郎（1979）バスケット・ボールルールに関する史的研究．早稲田大学体
育研究紀要，（11）：57－65.

藤田修一（1979）バスケットボールの基礎技術の歴史的考察．新潟大学教育
学部高田分校研究紀要，（24）：125－135.

水谷豊（1979）バスケットボールの歴史に関する一考察（V）：Senda Berenson
と女子バスケットボール（創刊二十年記念）．論集，（20）159－168.

水谷豊（1980）バスケットボールの歴史に関する一考察6 James Naismith と
オリンピック・ベルリン大会．青山学院大学一般教育学部会論集，（21）：
153－161.

水谷豊（1981）バスケットボールの歴史に関する一考察7日本における発展
の功労者 Franklin H.Brown 略伝．青山学院大学一般教育学部会論集，
（22）：199－209.

興水はる海（1982）石川源三郎研究〔含　石川源三郎定邦略年譜〕．お茶の水
女子大学人文科学紀要，（35）：123－145.

水谷豊（1982）バスケットボールの歴史に関する一考察8大森兵蔵略伝．青山
学院大学一般教育学部会論集（23）：177－190.

古川幸慶（1983）戦術・技術の発達とルールの対応：バスケットボール．体
育の科学，33（7）：504－508.

付　録

水谷豊（1983）バスケットボールの歴史に関する一考察9佐藤金一略伝．青山
　　学院大学一般教育学部会論集，（24）：265-278.

多久和文則（1985）バスケット・ボールの歴史について（ゲーム数及び得点
　　から）．大阪産業大学論集大学開学20周年記念人文科学編：53-63.

水谷豊（1985）バスケットボールの歴史に関する一考察（X）：宮田守衛略伝．
　　上越教育大学研究紀要，（4）：309-323.

二杉茂（1986）バスケットボールにおけるフリースロー・レーンと制限区域
　　の変遷．親和女子大学研究論叢，（20）：165-179.

水谷豊（1987）バスケットボールの歴史に関する一考察（XI）：アジアにおけ
　　るバスケットボール小史．上越教育大学研究紀要，6第3分冊：272-285.

水谷豊（1989）スポーツ史の現代的視角16アジアにおけるスポーツの史的諸
　　相：東・東南アジアのバスケットボールを視点にして1．体育の科学，
　　39（3）：211-216.

水谷豊（1989）スポーツ史の現代的視角17アジアにおけるスポーツの史的諸
　　相：東・東南アジアのバスケットボールを視点にして2．体育の科学，
　　39（4）：320-323.

笈田欣治，水谷豊，藤木大三（1991）アメリカ・バスケットボールの技術発
　　達史：近代バスケットボールを築いたコーチの系譜．関西大学文学論集，
　　40（4）：79-159.

名久井孝義（1996）明治期におけるバスケットボールの受容過程．仙台電波
　　工業高等専門学校研究紀要，（26）：108-118.

大川信行（2000）バスケットボールのポジションに関する史的考察：その役
　　割の推移について．スポーツ史研究，（13）：13-28.

水谷豊（2000）日系アメリカ人のスポーツ史についての一考察：ダン・フク
　　シマとバスケットボール．桐朋学園大学短期大学部紀要，（18）：121-
　　161.

水谷豊（2001）初期の日米バスケットボール交流史に関する一考察：C.S.ア
　　ンダーソンとオールスターチームの来日．桐朋学園大学短期大学部紀要，
　　（19）：91-128.

125

笈田欣治，細川磐（2002）バスケットボールのルールの変遷について．関西大学文学論集，51（3）：29－46.

水谷豊（2002）国際バスケットボール史に関する一考察：FIBA誕生までの経緯．桐朋学園大学短期大学部紀要，（20）：1－25.

笈田欣治（2003）日本におけるバスケットボール変遷史からみた日本バスケットボールの今後の課題について一考察．関西大学文学論集，52（3）：77－93.

大川信行（2003）バスケットボールのゾーン・ディフェンス誕生までの経緯：ディフェンス・システムの変容からみて．スポーツ史研究，（16）：1－17.

二杉茂（2003）バスケットボールにおけるワンハンドショットの社会史的研究．人文学部紀要，23：103－129.

大川信行（2004）バスケットボールのフリースローに関する史的考察：1945年までのルール変容と戦術の移り変わりについて．スポーツ史研究，（17）：15－30.

松本真（2004）新しいスポーツの創造：バスケットボール誕生の考察を通して．埼玉大学紀要教育学部（教育科学），53（2）：17－31.

及川佑介（2005）初期バスケットボール競技におけるドリブル技術の防御性と攻撃性：李想白著『指導籠球の理論と実際』（昭和5年）を基軸として．体育・スポーツ科学研究，（5）：13－23.

大川信行（2005）バスケットボールにおけるロングパス・ファストブレイクの変遷について．北陸体育学会紀要，（41）：53－63.

野口邦子，綿貫慶徳（2005）昭和初期におけるバスケットボールの普及・競技力向上に関する史的考察：報知新聞による事業活動の分析を中心に．スポーツ健康科学紀要，（5）：9－20.

水谷豊（2005）バスケットボールの創成．体育学研究，50（3）：249－258.

大川信行（2006）バスケットボールのゴールに関する史的考察：1940年代までのルールの変遷からみて．北陸体育学会紀要，（42）：19－25.

大川信行（2006）バスケットボールのファストブレイク誕生までの経緯．体

付　録

育史研究，（23）：51-68.

大川信行（2007）バスケットボールのバックボードに関する史的考察：創案から1940年代まで．北陸体育学会紀要，（43）：21-28.

及川佑介（2007）松本幸雄『籠球研究』（昭和9年～昭和11年）に関する一考察．体育史研究，（24）：1-13.

大川信行（2007）バスケットボールのボールの規格化に関する史的考察：1940年までのルールの変遷とボールの宣伝広告からみて．スポーツ産業学研究，17（1）：21-32.

及川佑介（2008）李想白の小論「コーチの類型と進化」（昭和10年）に関する一考察．国士舘大学体育研究所報，27：69-78.

及川佑介（2008）オリンピック・ベルリン大会（1936年）における日本バスケットボールに関する史的考察．運動とスポーツの科学，14（1）：45-54.

大川信行（2008）バスケットボールのプレイヤーの番号に関する史的考察：1960年代までのルールの変遷からみて．北陸体育学会紀要，（44）：23-32.

大川信行（2008）バスケットボールのコートに関する史的考察：1940年代までのルールの変遷について．人間発達科学部紀要，2（2）：65-77.

谷釜尋徳（2008）日本におけるバスケットボールの専用球の改良とそれに伴うドリブル技術の発達に関する技術史的考察．スポーツ運動学研究，（21）：45-59.

及川佑介（2009）バスケットボールにおける屋外板張りコートに関する一考察（大正期～昭和初期）．国士舘大学体育研究所報，28：83-88.

大川信行（2009）バスケットボールのコーチの誕生と初期コーチたちの戦術について．北陸体育学会紀要，（45）：9-22.

大川信行（2009）バスケットボールのジャンプボールに関する一考察：創案から1940年代までのルールの変遷．人間発達科学部紀要，3（2）：63-72.

谷釜尋徳（2009）日本におけるバスケットボールの競技場に関する史的考察：大正期～昭和20年代の屋外コートの実際に着目して．スポーツ健康

科学紀要，（6）：21-38.

大川信行（2010）1940年までの全米大学バスケットボールのスペクテイター性に関する史的考察．北陸体育学会紀要，（46）：13-18.

大川信行（2010）バスケットボール誕生までの経緯と最初のルールについて．富山大学人間発達科学部紀要，4（2）：97-107.

野田寿美子，上村絵里衣（2010）近代スポーツ導入期の日本の女子スポーツに関する史的研究（1）：女子バスケットボールの受容過程に着目して．埼玉大学紀要教育学部，59（1）：31-39.

谷釜尋徳（2010）昭和初期の日本におけるバスケットボールの速攻法について．東洋法学，54（1）：91-111.

谷釜尋徳（2010）大正期〜昭和前半期の日本におけるバスケットボールのシュート技術の変遷：中・長距離からのワンハンド・シュートの受容過程．体育学研究，55（1）：1-16.

谷釜尋徳（2010）1920〜40年代のアメリカにおけるバスケットボールのショット技術の変遷：中距離からのワンハンド・ショットの普及まで．スポーツ健康科学紀要，（7）：21-36.

及川佑介（2011）昭和初期における土肥一雄とバスケットボールとの関係．国士舘大学体育研究所報，30：119-124.

大川信行（2011）バスケットボールにおけるピヴォットとトラヴェリングに関する史的考察：1945年までのルールの変遷からみて．北陸体育学会紀要，（47）：1-9.

大川信行（2012）1920年代までのバスケットボールにおけるオフィシャル制度とその任務について．北陸体育学会紀要，（48）：1-11.

入江史郎，島崎直樹，竹之下秀樹（2013）日本におけるバスケットボールのファウル・ゲームを規定する規則の変遷：1949年から2011年までの競技規則書から．防衛大学校紀要．人文科学分冊，（107）：19-38.

大川信行（2013）バスケットボールの10秒ルールに関する史的考察：1940年代までのルールの変遷からみて．北陸体育学会紀要，（49）：11-17.

小谷究（2013）1920年代の日本におけるバスケットボール競技のファストブ

レイクに関する史的研究：スリーパー・オフェンスの採用と衰退に着目して．運動とスポーツの科学，19（1）：67-79.

谷釜尋徳（2013）1920−40年代のアメリカにおけるバスケットボールのドリブル技術の変遷：ボール・キープの手段から攻撃的な技術への発達．スポーツ健康科学紀要，（10）：49−63.

大川信行（2014）バスケットボールの3秒ルールに関する史的考察：1940年代までのルールの変遷からみて．北陸体育学会紀要，（50）：53−58.

大川信行（2014）バスケットボールの3秒ルールに関する史的考察：1940年代までのルールの変遷からみて．北陸体育学会紀要，（50）：53−58.

小谷究（2014）日本のバスケットボール競技におけるアサイン・マンツーマンディフェンスの採用過程に関する研究（1920年代後半−1930年代前半）．運動とスポーツの科学，20（1）：13−22.

小谷究（2014）日本のバスケットボール競技におけるファイブマン・ツーライン・ディフェンスに関する史的研究．体育学研究，59（2）：497−511.

小谷究（2014）日本のバスケットボール競技におけるゾーンディフェンスの導入過程に関する史的研究：Franklin H. Brown が紹介した3−2ゾーンディフェンスに着目して．スポーツ史研究，（27）：1−16.

水谷豊，中道莉央（2014）女子バスケットボールの歴史に関する一考察：アメリカにおける草創期に着目して．桜門体育学研究，48（2）：75−82.

大川信行（2015）バスケットボールのファイブマン・ツーライン・ディフェンスに対するオフェンスについて．北陸体育学会紀要，（51）：55−63.

小谷究（2015）日本のバスケットボール競技におけるオフボールスクリーンの採用過程に関する研究．運動とスポーツの科学，21（1）：1−11.

小谷究（2015）日本のバスケットボール競技におけるファストブレイクに関する史的研究：1930年代のルール改正とコートの大きさに着目して．バスケットボール研究，（1）：1−10.

小谷究（2015）日本のバスケットボール競技におけるオフェンス参加人数に関する史的研究（1920年代初期〜1930年代初期）：5人でのオフェンスの採用過程に着目して．東京体育学研究，6：15-21.

谷釜尋徳（2015）バスケットボールの技術史研究に関する一考察：日本を対象とした研究の場合．バスケットボール研究，（1）：87-98.

中道莉央（2015）学校体育のボール運動・球技における素材の歴史的研究：バスケットボールのタイム・アウトの変遷（1892-1940）に着目して．北海道体育学研究，（50）：93－102.

及川佑介（2016）我が国バスケットボールの戦術のシステム化に関する史的研究：李想白『指導籠球の理論と実際』（昭和5年）を基軸として．運動とスポーツの科学，22（1）：27－35.

大川信行（2016）1940年代までのプロ・バスケットボールに関する一考察．北陸体育学会紀要，（52）：9－17.

小谷究（2016）日本のバスケットボール競技におけるゾーンディフェンスの採用過程に関する史的研究（1930年代－1940年代初期）：オフェンスとディフェンスとの相関関係に着目して．身体運動文化研究，21（1）：1－12.

谷釜尋徳（2016）近代日本におけるバスケットボール研究の発展史：学問体系把握に向けた一試論．バスケットボール研究，（2）：41－53.

小谷究（2017）日本バスケットボール競技におけるアウトサイドスクリーンの採用過程に関する研究．身体運動文化研究，22（1）：43－55.

小谷究（2017）戦時中の日本におけるバスケットボール競技に関する史的研究：学生の競技活動の停滞と一時中断に至った経緯に着目して．運動とスポーツの科学，23（1）：27－35.

水谷豊（2017）加藤廣志監督にバスケットボールを手ほどきした女性教師：桂田キサ略伝．バスケットボール研究，（3）：31－41.

[著書]

嶋田出雲編（1965）日本バスケットボール発達史．嶋田出雲：大阪．

岸野雄三，多和健雄編（1972）スポーツの技術史．大修館書店：東京．

J．ネイスミス著，水谷豊訳（1980）バスケットボール：その起源と発展．日本YMCA出版：東京．

二杉茂（2009）ワンハンドショットのメッセンジャーたち－バスケットボールにおける社会史的研究. 晃洋書房：京都.

水谷豊（2011）バスケットボール物語：誕生と発展の系譜. 大修館書店：東京.

及川佑介（2012）松本幸雄と『籠球研究』（昭和9〜11年）日本バスケットボール史の一齣. 叢文社：東京.

内山治樹，小谷究編著（2017）バスケットボール学入門. 流通経済大学出版会：茨城.

【主な史料】

　ここではネット上の情報が比較的不正確な1945年以前に日本で発行された史料を掲載した。

［単行本］

日本体育会編（1903）新選遊戯法. 育英舎：東京.

佐々木亀太郎著，高橋忠次郎校（1903）競争遊戯最新運動法. 藜光堂：大阪.

高橋忠次郎（1904）籠毬競技. 榊原文盛堂：東京.

坪井玄道，可児徳編（1909）小学校運動遊戯. 大日本図書：東京.

白井規矩郎（1910）体操と遊戯の時間. 啓成社：東京.

上平鹿之助（1910）実験ボール遊戯30種. 平本健康堂：東京.

渡邊誠之（1912）最新ボール遊戯法. 研文館：東京.

平本直次編（1917）オリンピック競技法. 健康堂：東京.

横井春野（1923）少女運動競技の仕方. 三徳社書店：東京.

藤山快隆（1924）日本体育叢書第11編バスケットボール. 目黒書店：東京.

荒木直範（1924）最新バスケットボール術：附バスケットボール規定. 美満津商店：東京.

鈴木精一（1925）新体育研究叢書第2編バスケットボール. 教文書院：東京.

外山愼作（1926）バスケットボール法大要：附・競技規定. 外山愼作：新潟.

三橋義雄（1926）バスケットボール．広文堂：東京．

三本義雄（1926）最も要領を得たるバスケットボール階段的指導法と最新規則の解説．木下製作所出版部：大阪．

鈴木重武（1928）籠球コーチ．矢来書房：東京．

バスケットボール研究会編（1928）籠球必携・選手及指導者の注意要項．東京運動社：東京．

小瀬峰洋（1929）籠球競技．教文書院：東京．

安川伊三（1929）籠球競技法．目黒書店：東京．

藤山快隆（1929）日本体育叢書第11編改訂バスケットボール．目黒書店：東京．

玉文社編集部編（1930）スポーツ百科知識．玉文社：東京．

李想白（1930）指導籠球の理論と実際．春陽堂：東京．

東京朝日新聞社運動部・小高吉三郎編（1930）ホツケー、ラグビー、蹴球、籠球、排球．東京朝日新聞発行所：東京．

Ｗ・Ｅ・ミーンウェル著，星野隆英，柳田亨訳（1931）籠球の原理．三省堂：東京．

菅原理一（1932）籠球の基礎技術（指導者並選手用）．西澤書店：東京．

上山辰二（1932）小学校に於ける籠・排球指導書．一成社：東京．

森脇正夫（1933）ガードーナー籠球競技指導要項．森脇正夫：大阪．

大日本バスケットボール協会編（1933）ガードナー籠球講習要録．動文社：東京．

芽根貞元（1934）ユーア・バスケットボール．大正洋行出版部：東京．

宮田覚造，折本寅太郎（1935）籠球競技の指導．日本体育学会：東京．

田中寛一編（1935）師範大学講座体育第5巻．建文館：東京．

守屋矢三郎（1936）運動会の遊戯と競技．啓文社：東京．

宮邊富次郎編（1937）競技運動各論下巻．建文館：東京．

出口林次郎（1938）体育運動競技要覧．体育運動協会：東京．

バスケットボール研究会編（1942）籠球競技訓．体育評論社：東京．

付　録

[大会報告書]

大日本体育協会編（1921-1931）第5-10回極東選手権競技大会報告書．大
　　日本体育協会：東京．

時事新報社，大阪時事新報社編（1923）第6回極東選手権競技大会記念写真
　　帖．十字館：大阪．

内務省衛生局編（1925-1926）第1-2回明治神宮競技大会報告書．内務省
　　衛生局：東京．

明治神宮体育会編（1928-1938）第3-9回明治神宮体育大会報告書．明治
　　神宮体育会：東京．

大日本体育協会編（1930）第9回極東選手権競技大会記念写真帖．大日本体
　　育協会：東京．

明治神宮体育会編（1933）第7回明治神宮体育大会写真帖．明治神宮体育
　　会：東京．

大道弘雄編（1936）オリンピック写真画報．朝日新聞社：大阪．

岸田日出刀（1937）第11回オリンピック大会と競技場．丸善：東京．

大日本体育協会編（1937）第11回オリンピック大会報告書．大日本体育協
　　会：東京．

阪勘造編（1938）第11回オリムピック大会籠球報告書．大日本バスケット
　　ボール協会：東京．

厚生省編（1940-1942）第10-12回明治神宮国民体育大会報告書．厚生省：
　　東京．

厚生省編（1944）第13回明治神宮国民錬成大会報告書．厚生省：東京．

久富達夫編（1940）紀元2600年奉祝東亜競技大会．大日本体育協会：東京．

杉本傳編（1940）東亜競技大会関西大會番組．関西大会事務所：大阪．

[規則書]

極東体育協会編，佐藤金一訳（1917）バスケット、ボール規定．極東体育協
　　会：東京．

大日本体育協会編（1923）バスケットボール規定1923年改定．大日本体育協

会：東京.

大日本体育協会編（1927）1927年度バスケットボールゲエム規定．大日本体
育協会：東京.

大日本体育協会編（1928）昭和3年度バスケットボールゲエム規定．大日本
体育協会：東京.

大日本体育協会編（1929）昭和4年度バスケットボールゲエム規定．大日本
体育協会：東京.

大日本体育協会編（1930）昭和5年度バスケットボール競技規則．大日本体
育協会：東京.

大日本バスケットボール協会編（1930）昭和6年度バスケットボール競技規
則．大日本バスケットボール協会：東京.

大日本バスケットボール協会編（1931）昭和7年度バスケットボール競技規
則．大日本バスケットボール協会：東京.

大日本バスケットボール協会編（1932）昭和8年度バスケットボール競技規
則．大日本バスケットボール協会：東京.

日本バスケットボール協会編（1933）昭和8・9年度バスケットボール競技
規則．大日本バスケットボール協会：東京.

大日本バスケットボール協会編（1934）昭和9・10年度バスケットボール競
技規則．大日本バスケットボール協会：東京.

大日本バスケットボール協会坂勘造編（1935）昭和10・11年度バスケット
ボール競技規則．大日本バスケットボール協会：東京.

大日本バスケットボール協会坂勘造編（1936）昭和11・12年度バスケット
ボール競技規則．大日本バスケットボール協会：東京.

大日本バスケットボール協会阪勘造編（1937）昭和12・13年度バスケット
ボール競技規則．大日本バスケットボール協会：東京.

大日本バスケットボール協会芦田伸三編（1938）昭和13・14年度バスケット
ボール競技規則．大日本バスケットボール協会：東京.

大日本バスケットボール協会芦田伸三編（1939）昭和14・15年度バスケット
ボール競技規則．大日本バスケットボール協会：東京.

付　録

［雑誌］

朝日新聞社編（1916-1918）野球年鑑，大正5年度～大正7年度.

朝日新聞社編（1919-1943）運動年鑑，大正8年度～昭和18年.

運動界社編（1920-1931）運動界，1（1）-12（7）.　4巻12号は関東大震災のため休刊

大日本体育協会編（1922-1932）ATHLETICS，1（4月号）-10（12）.　1923年10月号から1925年10月号まで休刊　11巻から『オリムピック』に改名

体育学会編（1922-1940）体育と競技，1（1）-19（12）.

朝日新聞社編（1923-1925）朝日スポーツ運動記録，大正12年-大正14年.

アルス編（1927）アルス文化大講座，4.

北原鐵雄編（1927）アルス運動大講座，3-5.

薬師寺尊正編（1931）バスケットボール，創刊号-4月号.

大日本バスケットボール協会編（1931-1942）籠球，（1）-（34）.　※2016-2017年に復刻版刊行（デポルターレ：東京.　解説：及川佑介）

大日本体育協会編（1933-1937）オリムピック，11（1）-16（9）.　16巻10号から『体育日本』に改名

体育研究協会編（1933-1944）体育研究，1（1）-10（6）.

松本幸雄編（1934-1936）籠球研究，（1）-（10）.

大日本体育協会編（1938-1944）体育日本，16（10）-22（11）.　20巻7号は休刊

【主な辞典・事典】

牧山圭秀，吉井四郎，畑龍雄著（1969）図説バスケットボール事典.　講談社：東京.

P.レーティッヒ編（1882）スポーツ科学事典.　ほるぷ出版：東京.

エリッヒ・バイヤー編，朝岡正雄監訳（1993）スポーツ科学辞典.　大修館書店：東京.

シュテーラー，コンツァック，デブラー著，唐木国彦監訳（1993）ボール

ゲーム指導事典．大修館書店：東京．

櫻井榮七郎編（1998）球技用語辞典．不昧堂出版：東京．

小野秀二，小谷究監修（2017）バスケットボール用語事典．廣済堂出版：東京．

【主な公共機関】

　ここではバスケットボール競技史研究を進めるにあたって有用となる主な公共機関をあげる。このほかに、体育系学部をもつ大学の図書館を利用することを勧める。特に日本体育大学の図書館は体育・スポーツに関して日本一の蔵書数を誇り、バスケットボール競技に関わる書籍や雑誌等も数多く所蔵している。

国立国会図書館（東京本館）
　　　〒100-8924　千代田区永田町1-10-1
秩父宮記念スポーツ博物館・図書館（仮事務所）
　　　〒120-0005　東京都足立区綾瀬6-11-17
日本体育協会資料室
　　　〒150-8050　東京都渋谷区神南1-1-1岸記念体育会館　地下１階
昭和館
　　　〒102-0074　東京都千代田区九段下1-6-1
芦屋市立図書館
　　　〒659-0052　兵庫県芦屋市伊勢町12-5

索　引

ア

アウトナンバー　19

浅野延秋　72-74

アシックス　54, 107

芦屋市立図書館　55, 107, 13

アスレチックス　39, 45

アマチュアリズム　27

アメリカ　vii-viii, 5-6, 17-18, 20, 32, 41-43, 68, 70-71, 77-79

アンダーハンド・シュート　20

鋳型化　4, 30

石川源三郎　44, 124

板張りコート　43, 127

一般研究領域　13, 15-16, 99

稲垣安二　6, 30, 33

井上勲　75, 84

インタビュー史料　81-82

インタビュー調査　63, 67, 107

内山治樹　2, 9, 22, 29, 33-35, 112, 131

運動経過　4, 18-20, 25, 80, 88

運動生理学　22, 27, 117-118

映像史料　10, 80-81

絵葉書　53, 63, 66

大森兵蔵　17, 26, 34, 41-42, 44, 63, 77

オーラルヒストリー　21, 81, 85

小高吉三郎　1, 28, 132

鬼塚喜八郎　107

オリムピック　74

折本寅太郎　1, 29, 132

オリンピック種目　43

カ

カード作り　61-62, 67, 100, 105

絵画史料　80, 84

回顧録　37, 67

解釈　50, 75-79, 81-83, 87, 94-95, 101, 121

外的批判　69-72, 100

外来スポーツ　40

学習指導要領　22

学術研究団体　47

学説史　13, 27-28, 35

学問史　2, 7, 9, 28, 35

学会誌　48, 51, 89-91, 96, 110

学校体操教授要目　22-33

137

金子明友　4, 25, 30-34, 111

環境　75-76, 84, 103, 112

刊行物　52-54, 70-71

キーワード　61-62, 66, 12

機関誌　1, 16, 39, 47, 57, 68, 78, 80, 88

岸野雄三　viii, 2, 29-35, 40, 58, 74, 84-85, 97, 110

技術　3-6, 9-10, 15, 18-21, 24-25, 27, 30, 32-34, 40, 42-44, 52, 65, 76, 79-83, 85, 87-88, 92-94, 97, 111

技術史　viii, 3, 5, 7, 9-11, 13, 15, 17-20, 23-25, 29-34, 40-42, 44, 53, 64, 80, 85, 89, 92-93, 97, 111, 113

技術史研究　17-19, 29, 40-42, 53, 85, 113

技術力　111

記念誌　16, 21, 29, 37-39, 45, 48, 53

球技戦術論　20, 33

紀要　16, 31-34, 48, 51, 84, 89, 91, 96, 110

教育　22, 104-105

競技規則　20, 27, 40-44

競技種目史　47, 50

京都帝国大学　72

極東選手権競技・東京芝浦大会　41, 43

近代スポーツの施設と用具　76, 84

近代体育文献集成　77, 84

近代日本学校体育史　23-33

グループ戦術　19

慶應義塾大学　17

研究対象　2-3, 9-11, 13, 21-22, 27, 37, 41, 43, 81, 87, 91-92, 110-111

研究テーマ　10-11, 37-42, 45, 49, 50, 54, 69, 101, 117, 119

原史料　52-54

考案　viii, 17-18, 22, 43, 52, 58, 70

構成　6, 10-11, 62, 75, 89-93, 97, 106, 112

神戸高等学校　107

神戸市役所　107

コーチ　viii, 3-4, 18, 21, 23-24, 28, 34, 73, 78-79, 102-103, 110, 112, 115-118, 121-122

コーチング　4, 12, 14, 24-25, 30-32, 34, 104

コーチング史　11, 13, 23-24

コート　2, 25, 34, 42-43, 53, 76, 83-84, 109

ゴール　2, 18, 53, 63, 67

国際審判員　107

国際大会　44, 63-64

国立国会図書館　54-56, 58, 136

個人戦術　19, 33

コピー　56-59, 62, 119-120

個別研究領域　13, 15-16, 99

ゴムボール　43

サ

サッカー　6, 13, 31, 33, 40, 103

雑誌　10, 21, 22, 39, 52-53, 55, 63, 70-71, 79, 81, 89, 119

索　引

シームレスボール　43

史学研究法　84

システムプレー　64, 68

施設　13, 20, 24-25, 40, 42-44, 52-54, 66,
　　76, 80, 84

自然科学　11, 22, 69, 78, 104

自然科学系　89, 117-118, 122

時代区分　7-9, 29, 63-64, 65, 91, 100

実証主義　75

室内競技　43

執筆　2, 39, 65, 77, 81, 87, 89-91, 94, 97,
　　99, 101, 111-113, 117-118, 121

執筆者　65, 113, 119

指導籠球の理論と実際　1, 29, 56, 64, 82,
　　85

借用　58, 70

写真　53, 56, 63, 66-78, 80-81, 83

修士論文　106, 110, 117-118

シューズ　52-54, 63, 67

集団運動学　5

シュート　2, 6, 18, 25, 76, 82

シュート技術　18, 19, 33, 43, 87-88, 97

修練史　13, 15, 21-24

種目別現代トレーニング法　21, 31, 33

小学校学習指導要領　23

昭和館　55, 136

昭和期　41, 43, 63, 65

女性（女子）　1, 9-10, 17, 34, 42, 64,

女性らしさ　42

書籍　21, 42, 45, 47-48, 52, 54-55, 57, 61-
　　68, 70-71, 107, 119

所蔵機関　55

史料収集　10, 56-58, 69, 105-106, 108, 121

史料探索　51, 54-55, 100

史料批判　69-70, 72-75, 77, 82, 85, 87, 100,
　　121

人物史　13, 24, 26, 44

人物史研究　26, 44, 106

新聞　10, 38-39, 52-53, 55, 63, 65-67, 81

人文社会科学　61, 104

人文社会科学系　89-90

スキー　40, 103

鈴木重武　1, 28, 132

スタンフォード大学　18

スポーツ運動学　12, 19, 30-34, 47, 84-85,
　　89, 93, 97, 111-112

スポーツ運動技術　3, 19, 24

スポーツ科学　11-12, 14-15, 28, 31, 33-35,
　　47, 113

スポーツ教材　22

スポーツ史　viii, 2, 7, 11-13, 15-16, 26-
　　27, 29-31, 40, 47, 51, 58, 62, 77, 90,
　　99, 110, 113, 118, 119

スポーツ史研究　viii, 2, 7, 11, 13, 15, 29-
　　31, 47, 52, 74, 76, 80, 100, 111

スポーツ心理学　12, 27

スポーツ哲学　12, 27

スポーツの技術史　viii, 9, 18, 25, 32, 34,

139

40, 64

スポーツマンシップ　27

相撲場　43

スラムダンク　109, 115

先行研究　45, 47-49, 51, 55, 58, 99-100, 105

全国実業団バスケットボールリーグ　27

全国ミニバスケットボール教室交歓会
　　23

戦術　6, 9-10, 19-21, 24, 27, 31, 33, 40, 44,
　　64-65, 68, 70, 81-84, 111, 119, 121

戦術史　3, 6, 9-10, 13, 19-20, 23-24, 31, 33,
　　80, 83, 113

戦術力　111

相互貸借　57

ゾーンディフェンス　19, 72-74

タ

第11回オリンピック競技大会（ベルリン）
　　9, 41, 43, 64, 72-73

第17回オリンピック競技大会（ローマ）
　　16

第28回オリンピック競技大会（アテネ）
　　107

体育・スポーツ書集成　77, 84

体育学研究　29, 33-34, 47-48, 88, 97

体育館　vii, 43, 109

体育史　vii, 13, 22-23, 29, 32-35, 40, 47, 59,
　　62, 74, 77, 81, 84, 97

体育スポーツ人物思想史　26

体育と競技　70-71, 135

大学図書館　55-57

大正期　33-34, 38, 41, 43, 63-64, 84, 87-88,
　　97

体操競技　4, 111

体操競技のコーチング　4, 25, 30, 34

大日本体育協会　38-39, 45, 65

大日本バスケットボール協会　1, 9, 38-
　　39, 41, 44, 58, 64-65, 68, 78, 93

題目　87-88, 93

立花隆　28, 34

田簑健太郎　106

談話史料　85

チーム戦術　19, 68

チェスト・シュート　18-19, 20

チケット　63, 66

秩父宮記念スポーツ博物館・図書館　55,
　　136

地方学会　48

著作権　56

著作物　56

チラシ　63, 66

坪井九馬三　75, 84

ディビジョンライン　42

テープ起こし　67

手書き原稿　52-53

テクニック　17

東京YMCA　41

東京オリンピック　16, 22-33

索　引

東京オリンピック選手強化対策本部報
　　告書　78, 84

東京商業大学　38

東京帝国大学　38

東京都バスケットボール協会　38, 45

特殊運動学　5

図書館　55-58, 66, 105

図書館員　55-56, 119

富田毅郎　73-74

ドリームチーム　109, 115

ドリブル技術　4, 25, 30, 34, 43, 76, 82, 85,
　　92-94, 97, 111

トレーニング　viii, 21-22, 31, 33, 104, 117

ナ

内的批判　69-70, 72-73, 100

成瀬仁蔵　10, 17, 22, 41-42, 44, 63-64, 77

日本　vii-viii, 1, 2, 7-11, 13, 15-17, 19-21,
　　24, 26-30, 33-35, 38, 40-44, 55, 65-66,
　　70-73, 75, 77-80, 83-85, 87-88, 92-94,
　　97, 99, 110, 111, 113, 119

日本学術会議　47

日本式バスケットボール　22, 42

日本女子大学　17, 22-33

日本女子大学校　42

日本体育協会　31, 33, 55, 84

日本体育大学図書館　55

日本バスケットボール学会　27, 29, 47,
　　112

日本バスケットボール協会　7, 9, 16,
　　22-23, 31-32, 37-38, 45, 78, 105

年表　37, 62

ハ

バイオメカニクス　12, 14, 22, 27, 117

梅花女学校　17, 41, 42

博士論文　107-108, 118-119, 121

博物館　52, 55, 67, 105

バスケットボール　77, 84, 132

バスケットボール学　viii, 2, , 11, 14-15,
　　27, 29, 99, 112-113

バスケットボール学入門　viii, 2, 9, 29,
　　35

バスケットボール指導全書　30-32, 56

バスケットボールの歩み　9, 16, 31, 38,
　　45

バスケットボールの技術史　9, 29, 53,
　　64, 85, 113

パソコン　62, 105

畑龍雄　38

発行年　54

ハワイ日系2世　20

パンフレット　52, 63, 66

ピート・ニューエル　79

非文献史料　53, 79, 83, 100

兵庫県バスケットボール協会　107

フェアプレー　27

部活動　45, 103-104, 107, 109

141

福井憲彦　16, 30-31

服装　42, 80

藤山隆三　77, 84, 131

復刻版　57-58, 78, 84

法制史　13, 26

ポートボール　23

ボール　25, 31, 33, 43, 52-54, 76, 81, 83, 92-93

保健体育　103, 107, 110

保護　56

星野隆英　71, 132

補足史料　67

堀米庸三　7, 30-31, 77, 84

マ

マイクロフィッシュ　57

前田昌保　72, 74

牧山圭秀　64, 136

孫引き　58

松本幸雄　26, 34, 68

水谷豊　15, 31, 34, 119

三ツ本常彦　72, 74

宮田覺造　1, 29, 132

明治期　1, 41-43, 63-64, 105

明治神宮外苑　43

明治大学　38

モーションオフェンス　19

文字史料　52

模造　70

ヤ

野球　13, 40, 103, 109, 111

薬師寺尊正　38, 135

安川伊三　1, 28

柳田亨　71, 132

山戸英夫　107

山本徳郎　34, 104, 108

山本博文　7, 8, 31

遊戯　22, 40-41, 44, 63, 64

ユニフォーム　67

用具　15, 20, 24-25, 40, 42-44, 52-54, 76, 80-81, 83-84, 92, 113

用具史　11, 15, 24, 81

吉井四郎　4, 16, 30-33, 56, 78, 84, 88, 112

ラ

リスト　51, 54-57, 119

李想白（李相佰）　1, 24, 26, 29, 34, 39, 44, 56, 64, 72, 74, 82, 85

立教大学　38, 45

ルール史　27

歴史研究　vii, 3, 7, 17, 22, 56-57, 64, 69, 76, 89-90, 105, 112-113, 120, 122

歴史像　73

歴史とは何か　29, 32, 44-45

レファレンスサービス　55

籠球　1, 10, 28-29, 39, 54, 57, 72, 74, 78, 84, 88

籠球研究　34, 68

索　引

籠球の原理　71

籠球必携　82, 85

論文検索サイト　48, 100

ワ

早稲田大学　38, 45, 73, 84

ワンハンド・シュート　18-20, 33, 87, 88, 97

123

1967夏季1968冬季ユニバーシアード大会報告書　79, 84

1次史料（一次史料）　52-53, 100

2次史料（二次史料）　52, 57, 78, 100

ABC

Bリーグ　27

E.H. カー　44-45

Excel　62

Franklin H.Brown　1, 17, 63-64, 73-74, 77

Hank Luisetti　18

ISHPES　106

Jack Gardner　68

James Naismith　1, 124

Kurt Meinel　3

NBA　viii, 109

THE SCIENCE OF BASKETBALL　70-71

Ulrich Gohner　76

Webcat　55

YMCA　viii, 17, 31, 41, 44, 64, 65

【監　修】
谷釜　了正
日本体育大学名誉教授

【執筆者】
小谷　究
流通経済大学・スポーツ健康科学部・スポーツコミュニケーション学科　助教
同大学バスケットボール部ヘッドコーチ
日本バスケットボール殿堂　事務局

及川　佑介
東京女子体育大学・体育学部・体育学科　准教授
同大学バスケットボール部ヘッドコーチ
日本バスケットボール殿堂　殿堂委員

谷釜　尋徳
東洋大学・法学部・法律学科　教授
同大学バスケットボール部女子部ヘッドコーチ
日本バスケットボール殿堂　殿堂委員

【表紙写真】
横山　泰寛

バスケットボール競技史研究概論

発行日	2018年12月19日　初版発行

監　修	谷　釜　了　正
編著者	小　谷　　　究
著　者	及　川　佑　介
	谷　釜　尋　徳
発行者	野　尻　俊　明
発行所	流通経済大学出版会

〒301-8555　茨城県龍ヶ崎市120
電話　0297-60-1167　FAX　0297-60-1165

©Ryosyo Tanigama, Kiwamu Kotani, Yusuke Oikawa, Hironori Tanigama, 2018
Printed in Japan/アベル社
ISBN978-4-947553-78-2 C3075 ¥1300E